中原名师出版工程
教育思想与实践系列

让学生站在课堂中央

李桂荣　主编

中原出版传媒集团
中原传媒股份公司

大象出版社
·郑州·

图书在版编目(CIP)数据

让学生站在课堂中央 / 李桂荣主编. — 郑州：大象出版社，2021.11
(中原名师出版工程)
ISBN 978-7-5711-1132-8

Ⅰ. ①让… Ⅱ. ①李… Ⅲ. ①小学语文课-教学研究 Ⅳ. ①G623.202

中国版本图书馆 CIP 数据核字(2021)第 141537 号

让学生站在课堂中央
RANG XUESHENG ZHAN ZAI KETANG ZHONGYANG

李桂荣　主编

出 版 人	汪林中
责任编辑	赵晓静
责任校对	乔　瑞　梁迎霞　代亚丽
特邀设计	刘　民
美术编辑	杜晓燕

出版发行	大象出版社(郑州市郑东新区祥盛街 27 号　邮政编码 450016)
	发行科 0371-63863551　总编室 0371-65597936
网　　址	www.daxiang.cn
印　　刷	河南文华印务有限公司
经　　销	各地新华书店经销
开　　本	720 mm×1020 mm　1/16
印　　张	16
字　　数	254 千字
版　　次	2021 年 11 月第 1 版　2021 年 11 月第 1 次印刷
定　　价	49.00 元

若发现印、装质量问题，影响阅读，请与承印厂联系调换。

印厂地址　新乡市获嘉县亢村镇工业园
邮政编码　453800　　　　电话　0373-5969992　5961789

编委会

主　编　　李桂荣

副主编　　李玉萍　宋彦菊　尚淑丽　刘秋娣

编　委　　窦明琦　于文玲　王　利　孙利革　唐瑞锦　闫昱瑧
　　　　　　司培宁　彭芳慧　庞自娟　杨文娟　赵瑞红　王月英
　　　　　　丁喜云　石瑞娟　王红妍　张金香　张茹珂　王红震
　　　　　　刘　毅　张兰玲　陈　强

总序

对于一个优秀教师来说，将自己对教育教学的思考在写作中表达出来，是非常自然的一件事。正如玛格丽特·杜拉斯在《写作》中说的："写作像风一样吹过来，赤裸裸的，它是墨水，是笔头的东西，它和生活中的其他东西不一样，仅此而已，除了生活以外。"杜拉斯把自己的写作区别于日常生活中具体的事物，而将其看作生活本身。我十分认同这样的说法。从许多优秀教师的成长经历来看，教育写作就是教育生活本身。当我们学会了把教育生活中的各种场景纳入自己的视野，融入自己的思考，通过写作诚实地记录下来，我们就找到了一条属于自己的专业发展之路。

正是看到了教育写作在教师专业发展中的重要意义，河南省教育厅与浙江师范大学启动了"中原名师教育写作出版计划"。河南是我国的教育大省，有一大批非常优秀的教师逐渐崭露头角，而"中原名师"是其中的佼佼者，他们在各自的学校和不同的教育教学领域取得了一定的成绩，及时总结、提炼、展示、推广他们的研究成果非常必要。我和张文质老师被聘请为"中原名师教育写作出版计划"的首席写作导师，肩负指导"中原名师"写作、出版教育教学专著的重任。这可能也是目前国内唯一旨在帮助优秀教师实现教育教学专著出版的省级培训项目，开辟了教师培训内容与形式的崭新领域，具有开创性意义。经过近两年的艰苦努力，目前这项计划终于迎来了阶段性成果：一批"中原名师"的教育教学专著即将正式出版。从书稿情况来看，选题、内容可谓多样：既有学科教学方面的，也有班级管理方面的；既有比较严谨的学术论著，也有可读性较强的教育教学随笔；既有义务教育阶段的，也有幼儿、高中阶段的。

捧读这些沉甸甸的书稿，我心中充满感慨。

我想到了每一位作者的面庞，看到了那些闪亮的眼神。大家都非常清楚，对于一个渴望成长、追求专业发展的教师来说，教育写作是自我提高的一条基本路径。教育写作能清晰地记录一个教师专业成长的轨迹。教师可以在写作的过程中不断审视、反思自我，不断积累、总结，无论是初尝成功的经验，还是尝试摸索中的所谓教训，都是十分宝贵的财富。苏霍姆林斯基曾鼓励教师每天都写教育日记（也就是我们常说的"教育叙事"），认为这样的写作具有重大价值："凡是引起你的注意的，甚至引起你一些模糊的猜想的每一个事实，你都把它记入记事簿里。积累事实，善于从具体事物中看出共性的东西——这是一种智力基础，有了这个基础，就必然会有那么一个时刻，你会顿然醒悟，那长久躲闪着你的真理的实质，会突然在你面前打开。"这些"中原名师"正是通过写作将自己日常教育教学的点点滴滴慢慢积累起来的，而实施"中原名师教育写作出版计划"就是为了帮助他们打开真理之门。

我还想到了每本书稿选题的艰难，想到了那些为了确立书稿选题所经历的热烈讨论，既有面对面的沟通，也有无数次邮件、短信与电话往来。由于每一位作者所在的区域不同，所教学段、学科不同，研究基础、研究方向也各不一样，如何将那些最有价值的研究成果梳理、提炼出来，并形成相对集中的研究主题以专著的形式呈现，是我和张文质老师以及每一位作者需要面对的挑战。沟通、选择的过程非常重要，也非常辛苦。这主要是由于各位作者在实践层面的经验、成果内容非常多样造成的：往往一个教师提供的同一本书稿，在内容上既有学科教学方面的，也有班级管理方面的，甚至还有其他学科领域的，这固然反映了一线教师工作繁杂多面的实际情况，但对于专著出版来说，主题不够突出无疑是大忌，也会遮蔽那些更有价值、更值得推广的内容。经过反复讨论，第一批"中原名师"首先确定了选题，开启了教育写作之路；而另一批作者则更改了选题，另起炉灶，毅然开启了新的写作计划，这其中的勇气也让人深为佩服。

当然，我也想到了每一位作者所经历的艰苦的写作过程。由于绝大多数老师积累的文稿是基于实践经验，致使有些内容在学理上存在问题，论述、论据都不够严谨，容易引起歧义；也有些内容所呈现的研究过程与研究成果不够完整，材料繁杂、枝蔓较多，如何去芜存菁留下最有价值的东西，如何修改、完善那些不够成熟的地方，也是摆在每一位作者面前的挑战。值得指出的是，对文稿不断修改、完善的过程虽然艰苦，但其实是非常宝贵的研究经历——看似是教育写作的过程，其实又是学术研究的过程，写作本身成为思维与学术的双重训练，成为提炼教育教学理念、凸显教育教学风格的基本路径。正是经历了这样的写作和研究过程，他们最终创作出很有价值的作品。如果说在专著出版之前，这些老师的教育教学风格还不够鲜明，尚未在更大的范围内得到认可，那么我相信，专著的公开出版，将有力地促进他们教育教学成果以及个人教育教学风格的传播与推广，塑造"中原名师"更加美好、专业的形象，成为河南教师乃至全国教师的偶像。而这，也是河南省教育厅与浙江师范大学继续教育学院决定实施该项教育写作出版计划的重要目的之一。

对于各位作者而言,他们没有辜负岁月,岁月也没有辜负他们。

对于导师而言,能够参与这个项目,帮助各位作者,是充满欣慰的,甚至超过了自己出书时的喜悦。

感谢各位读者,如果您翻开这些书,您会看到有那么一些人,是如何执拗地表达着对岁月和信仰的敬意。

闫学

2018 年 8 月 18 日于杭州

前言

C位，一个网络热词，"核心位置"的意思。让学生居于C位、站在课堂中央，是李桂荣小学语文工作室多年来潜心研究的课题。

在"学生C位"的理念下，工作室承担了中原名师培育工程河南省基础教育教学研究课题《"三重四会五环节"小学语文本真课堂教学实践研究》。让学生站在课堂中央，是以学生为中心的教育理念的回归。纵观新课程改革以来的小学语文教学，一些新方法、新理念层出不穷，但现实中部分课堂教学的"目标虚化、内容泛化、教学活动非语文化"，致使教师教得辛苦，课上得紧张，语文课堂离语文的本质越来越远。语文课堂应是开放的、生成的、充满活力的，语文课堂应是简朴的、宁静的。小学语文教学需要返璞归真，删繁就简，简简单单教语文，本本分分为学生，扎扎实实求发展。学生需要语文课堂的改变，探索学生自主学习的课堂教学，以培养学生语文能力和素养，是小学语文教师的迫切需要。为此，我们从课堂教学实践中发现问题，不断地反思教学、改进教学，展示交流，提高教师科研能力，提升学生语文核心素养，注意积累研究材料，最终凝结为沉甸甸的研究成果——《让学生站在课堂中央》。

在学术思想上，本书介绍了"三重四会五环节"的理论构建与实践操作。这一系列的构建是对语文本真课堂思想的具体体现，既重视理论研究的导向性，又重视应用研究的实效性与可操作性，本真课堂是"以学生为主体"的课堂，让学生真正站在课堂中央，让学习在真实的课堂真实地发生。教师带领学生真阅读、真积累、真写作、真思考、真交流，使学生在合作探究过程中会读、会写、会思考、会表达，习得语文学习方法，形成语文学习能力，从而提升学生的语文核心素养。

在内容范围上，本书是一线教师对小学语文课堂教学多层面、多方位思考与实践的结集。全书通过鲜活的课堂实践案例，将教学理论的阐述与教学实例的举证分析结合在一起，提出了"三重四会五环节"语文本真课堂实施策略，全方位探索语文教学回归"语"和"文"的本真，回归语文课堂的真实，回归语文课堂的自然，回归语文课堂的魅力。

在章节结构上，本书由六个篇章组成，教学案例丰富，涵盖学段全面，分别是教学现状、理论探索、实施策略，以及各年级段、不同题材、部分语文元素的典型教学案例，每章涵盖三到四节内容。对目前课堂教学存在的问题进行分析，在"三重四会五环节"小学语文本真课堂教学实践研究的理论依据、核心概念的内涵与外延、构建与设计等方面进行探索，聚焦"五环节"实施策略的课堂实录案例，并有相应的设计意图或评析，尽最大可能与统编教材相一致，为广大小学语文教师提供操作性强、实用性强的教研教学参考资料。这本书是课题组智慧的结晶，语言朴实，简洁清晰，层次分明，是一本适合小学语文教师以及教育工作者阅读的书。

在教学环节上，本书回归语文的本真，摒弃教学中的无效环节，创新民主开放、合作探究的教学策略，在提高课堂的教学实效上下功夫，在提高学生的阅读能力上做文章，调动学生学习的主动性，把上课的着力点放在"学懂""会学"上，促进课堂有效学习的最大化，使学生爱上阅读，爱上语文。

把学生放在心上，

把学生放在课堂的中央，

把学生放在校园的中央，

把学生放在教育的中央。

李桂荣

2020 年 6 月 19 日

目 录

第一章　小学语文的教学现状

　　第一节　小学语文教学的泛化现象………………003

　　第二节　新课程小学语文课堂教学存在的问题………006

　　第三节　语文课堂呼唤回归………………………010

第二章　小学语文本真课堂实践的理论探索

　　第一节　《"三重四会五环节"小学语文本真课堂教学实践研究》的理论依据………………015

　　第二节　本真课堂的内涵与外延……………021

　　第三节　"三重四会五环节"的构建与设计…………023

第三章　小学语文本真课堂的实施策略

　　第一节　让学生站在课堂中央……………………031

第二节　"五环节"的实践操作 ………………051
　　第三节　各年级段的语文课堂实施策略 …………066

第四章　各年级段典型教学案例
　　第一节　低年级教学案例 ……………………077
　　第二节　中年级教学案例 ……………………107
　　第三节　高年级教学案例 ……………………124

第五章　不同题材典型教学案例
　　第一节　记叙文教学案例 ……………………151
　　第二节　说明文教学案例 ……………………165
　　第三节　诗歌教学案例 ………………………175
　　第四节　童话教学案例 ………………………191

第六章　语文元素典型教学案例
　　第一节　阅读方法教学案例 …………………215
　　第二节　表达方法教学案例 …………………224
　　第三节　修辞手法教学案例 …………………234

第一章 小学语文的教学现状

第一节　小学语文教学的泛化现象

小学语文教学主张"一课一得，得得相连"，让学生在课堂上有思考、有实践、有收获、有快乐。统编教材主编温儒敏先生也旗帜鲜明地指出，教师们不要贪多求全，主张学生一课一得，夯实基础。实践证明，能够促进学生发展的语文课堂，是建立在对学科性质和教学规律精确把握的基础之上，是教师集中力量和智慧激活学生学习活动的生命课堂。然而在日常教学中，一些教师由于受文本解读、目标设置、教学手段、活动设计等因素的影响，导致课堂教学出现了内容泛化的现象，极大影响了教学质量和学生语文素养的提升。

一、教学目标的泛化

教学目标的选择要从课程标准出发，从文本的核心价值和学生学习需要出发，体现了对文本的精确解读，也体现了对年段目标和单元目标的整体观照。有的教师不能准确把握教材，在文本解读方面缺少系统的认知，往往以偏概全，甚至把教学目标定位成理解主要内容，或者把文本教学定义成思想教育、科技教育的功能，从而导致语文课基本目标的偏离，失去了语文的本质属性。其实，教师对文本解读的深度、广度和精度，决定了课堂教学的方向与效率，善于发现文本在内容、形式等方面所承载的核心价值，是教师研读文本时理应关注的重要问题。叶圣陶先生告诉我们要把教材当成例子，很多时候，教师们虽然明白其中的道理，但在实施过程中，由于专业知识的缺失和思维方式的限制，很多教师不能从单元整体目标入手,不清楚文本应该是什么样的例子,不知道教材应该承担什么样的学习训练任务,自己认定的文本价值又往往和学生需求的价值不同步,从而出现教学目标泛化和错位的现象。

二、教学内容的泛化

小学语文教材内涵丰富,体裁多样,每一篇文章都蕴含着大量的知识点,每一个语句都有值得我们关注的语文信息。如果在教学中,过度追逐那些散布在文本中的知识点,见到什么就抓什么,遇到什么问题就触及什么问题,没有一个核心的问题作为引领,那么,我们的课堂就会变得支离破碎,犹如乱雨散沙般凌乱无序,我们在40分钟内向学生传递的只能是纷繁复杂的知识点,而不是一个枝干分明、规范有序的"素养树",学生也会在课堂上迷失学习的方向。如果把目之所及、俯拾皆是的训练点都集中在课堂上,势必会分散学生语文学习和实践的精力,不利于培养学生学习语文的兴趣,更不能夯实基础,发现规律,让学生真正得义、得言、又得法。在一节课有限的时间内,我们没有必要也不可能把识字写字、朗读指导、品词析句、构段方式、布局谋篇、语法修辞等语文知识点都一一呈现。一课一得倡导单刀直入,明明白白教语文,扎扎实实提素养,因此,在教学内容的选择上,我们要在大语文的框架下大胆取舍,精选内容,切忌被庞杂的语文知识和教学内容的盲目选择扰乱教学的方向。

三、教学活动的泛化

教学活动泛化的第一个表现是常规语文课的泛化。在语文课堂上,很多教师都经历了从"满堂灌"到"满堂问"的全过程,在一段时间内,启发式教学被教师们片面地理解为问答式教学。一些教师提出问题要么是让学生照本宣科地进行回应,要么是让学生做不假思索的"应声虫",这样大量的"低阶问题"充斥课堂,最常规的语文教学活动被泛化成师生间不用思考的简单问答。教学活动泛化的第二个表现是小组合作学习的滥用。小组合作学习是落实课程目标,培养学生合作意识和探究精神的重要方式。

但在有些语文课堂上，小组合作学习往往流于形式，教师提出的问题缺少合作学习的价值，学习小组各成员是教师按照学生座位随机组合的，教师对小组合作缺乏科学的认知，小组成员间没有明确的任务分工，缺少必要的指导，课堂合作学习成了学生自由放松的时间。教学活动泛化的第三个表现是信息技术的过度使用。不少教师热衷于声、光、电在课堂上的运用，原本声情并茂的范读变成了陌生人的录音播放，原来一笔一画的范写变成了电脑上的笔画演示，一些充满诗意、富有想象力的文字被光怪陆离的视频画面所代替。学生在这些视听信息的冲击下，渐渐失去了想象的快乐，疏远了美妙的文字。一位教师在执教"和大人一起读"的儿歌《孙悟空打妖怪》时，还没有来得及让学生感受"连锁调"儿歌的节奏和韵律之美，就迫不及待地给学生播放了《孙悟空三打白骨精》的影视片段，让学生失去了亲近儿歌、感受祖国语言文字之美的机会。教学活动泛化的第四个表现是教学游戏的植入。比如，教师们在识字读词教学中经常使用"开火车"游戏，教师在组织游戏活动的时候，往往会非常主观地把目标直接锁定为教室里的一排或几排学生，当游戏的主角不是自己的时候，教室里的其他学生基本上都是一种事不关己的姿态，成为此类学习活动的看客。即使是参与游戏的学生，当读完自己负责的那部分词语或段落之后，也很少再去关心其他同学的展示了。这种游戏泛化的状况正在成为语文教学的一种常态，很多教师在使用教学游戏的时候，看到的多是便于课堂管理，便于活跃课堂气氛的优点，很少去思考这些游戏是否已偏离教育内容设置的初衷等。

教学内容泛化从表象上看是一种随意和盲从，就其本质而言，在于教师教学思想的落后和专业素养的匮乏，不少教师墨守成规、故步自封，长时间徘徊于教材的原始层面上，不清楚"教材无非是个例子"的谆谆教诲，不懂得用教材教的真正含义，更无暇把目光聚焦在学习活动的设计上来。

第二节　新课程小学语文课堂教学存在的问题

小学语文是素质教育的重要组成部分，也是奠定学生语文基础的关键所在。因此，解决小学语文课堂教学存在的问题，改革语文教学的关键是教师，重点是课堂。其中，教师的教学观念和教学行为的转变是课堂改革的关键问题。随着课改的不断深入，教师教和学生学的方式正在发生着变化，但是在实际教学中仍存在一些问题。

一、教师的教学方式

1. 教师的讲解与分析烦琐

教师在课堂上花费大量的时间讲解教材和挖掘教材，一方面占据了学生有效的学习时间，学生独立思考的时间少，使得新知识不能很好地贯通，教师就好像把学生带进了迷宫，学生越走越迷惑；另一方面，师生之间的交流互动少，致使课堂高耗低效，学生收获不大。

2. 教师的提问无处不在

教师在课堂中设计的问题太多太碎，一个接一个，学生就需要围绕着教师的问题不停地思考。但这种缺乏系统性和弹性的发问，极易将学生引向单向思维的死胡同。长此以往，学生学会的只是迎合教师的意图，而缺失自我的个性。

3. 教师的引导过于随意

课上有些教师喜欢这样说："你喜欢读哪一段就读哪一段。""你喜欢怎样读就怎样读。""你想和谁交流就和谁交流。"由于教师的不得精髓、不分场合机械追"新",加之引导方法不当、功力不够,导致不少学生就选最简单的一段读,唱读、跳读、无序交流的现象在课堂上时常出现,学生的学习效率较低。

4. 教学目标虚化

有的教师由于课前备课不精心,钻研教材不精细,所定教学目标不清晰,甚至抓不住重点和难点,导致整节课的教学效率低。学生该掌握的知识没有掌握住,该培养的技能没有形成,提升语文素养就无从谈起。

5. 过分重视知识传授,忽视学生的全面发展

学生的全面发展固然要以知识的掌握为基础,但知识的掌握并不能代替学生的全面发展。一些教师虽然在指导学生掌握知识方面取得了偶然的成功,但在引导学生全面发展方面却没有引起足够重视。主要是因为课堂教学忽视了语文具有人文性和工具性两重性,人文性和工具性两者相辅相成,缺一不可。教学过程中,有的教师重工具性而轻人文性。如,着重讲生字的笔画、结构、词义而忽视其运用。这主要表现在对分数的追求上,只要学生能取得高分,不管这种教法是否符合教学规律,是否符合学生的身心发展,都是好教法,都是值得推广的。比如,有的教师为了让学生的作文在考试中能得高分,就让学生背范文,考试时把背过的范文照搬下来,这种做法限制了学生的思维。

6. 课堂缺失语文味

李爱红在《语文味,语文教学的本真》一文中指出,多年来,语文课堂教学存在这样的弊端:追求热闹、追求形式;教师或脱离文本,架空分析;或挑出一点,随意拓展;或大谈做人之道,或仅传递科学知识;或只注重问题的结论,而忽视学生的学习过程等现象,严重缺失语文味。比如,在语文课堂上有的教师热衷于表演,有的教师热衷于实验操作,有的教师热衷于让学生绘画,等等。这些活动使小学语文教学表面上看起来热热闹闹,但由于很多活动游离于理解和运用语言文字之外,加之耗时多,使语文学科基本特点丧失,成了大杂烩。

7. 课堂耗时长且效率低

教师在课堂上提问,点名请个别学生作答,其他学生被动听答,实际上占用了绝大多数学生的思维时间。教师启发的问题过于简单,学生群答踊跃，课堂气氛看似热闹，教学目标实则并未达到，属于隐性地浪费时间。教师提出的问题过难，启而不发，造成教学时间白白流失。某些教师生怕学生不懂，在复习巩固、强调重点时，习惯将新课内容再重述一遍，既显得啰唆，也造成了不必要的时间浪费。

二、学生的学习方式

1. 小组合作的有效度不够

（1）小组合作顺序混乱。在课堂教学中，部分教师片面把小组合作学习视为金字招牌，仿佛课堂上不用小组合作的形式，就不是新课堂了。不管什么教学内容，不论哪个年级，都要安排小组合作。对小组合作学习的目的、时机和过程等缺乏应有的整体把握。比如，在听课过程中看到这样的现象：课堂上教师一声令下，各个小组马上围成一圈准备合作，有的小组凑在一起就开始争，"我先说！""我第一！"争执不下，就开始"剪子、包袱、锤"决定顺序，顺序定好了，讨论时间也到了，导致有的学生还没有进入合作状态，就被要求交流成果。其结果只能是合而不作，用个人意见替代小组观念。

（2）小组合作分工不当。有的教师没有对小组成员进行明确的分工，讨论时，小组成员各自为政，不知道如何合作，就会随便说。合作，成了说法而不是做法。有的小组，优等生说话一言九鼎，学困生只能盲目依从。有的教师不能根据教学内容的特点和学生的实际选择恰当的合作时机，讨论的问题过于简单，没有讨论的价值，白白浪费学生的学习时间。

（3）小组合作时间不足。小组合作时，教师往往刚提出问题就开始让学生"讨论学习"，没有给学生留下独立思考的时间；或者讨论刚几分钟，就叫"停"，学生的思维没有得到真正的碰撞，缺乏新发现、新思考，交流前和交流后的学习效果基本一样，讨论效果不佳，小组合作流于形式。

2. 课堂参与主体性不足

在教学过程中，一些教师为了完成自己提前设计好的教学任务，只是象征性地设计几个需要学生参与的活动，自己是"导演"，而学生是"配角"。学生被动参与，在课堂上没有主动发言权，只有得到教师的批准或许可后，才能参与教师为他们设计的学习活动，对教师只能服从，只能配合教师，没有真正的主体地位。久而久之，学生课堂学习的参与度严重不足，导致学困生不断增多，与优等生的差距越来越大，最终出现两极分化。

　　时代呼唤语文教学本质的回归，学生需要语文课堂的改变，这正是小学语文教学改革的方向。因此，建构一个符合语文教学本质规律的简约理念，探索一种学生自主学习的、以培养学生语文能力与素养为主的课堂教学策略，是小学语文教师的迫切需要。

第三节　语文课堂呼唤回归

语文课就是教师引导学生学习语文的课,是学生学习理解和运用祖国语言文字的课,是学生听、说、读、写的综合实践课,是引导学生提高语文综合素养的课。说到底,语文课就是学生学习说语文、讲语文、读语文、写语文、用语文的课。

反观我们的语文教学,一些地方语言训练落实不到位,只是虚晃一枪,虚以应付。教师不范读、不板书,淡化了教师的指导作用。课堂上不纠正学生错误的语言,不辨析词义,不辨析字形。该认的不认,该写的不写,该积累的不积累。脱离文本的讨论太多,自由诵读太少。该品味的句子不反复品味,该归纳的段意不归纳,至于最基本的句子、篇章知识、标点符号知识等更是一说而过。

还有的课堂上热热闹闹,没有给学生思考的余地,也没有给学生质疑的机会。没有另类的声音,没有独特的感悟,没有多元的结论,没有因思维碰撞而迸发的火花。在这样的课堂上,学生缺失了本我,缺失了个性,众声喧哗,异口同声,这些多是虚假的反应。

有些问题脱离了时代背景,远离了学生实际。各种非语文现象、非语文活动占据了课堂。课堂上吹拉弹唱尽显其能,与文本本身没有多大的关系,有的只是教师才艺的展现。有一些似乎是语文活动的东西也塞进了课堂,耽误了教学时间。还有一些课堂活动只是给少数优等生提供了展示才华的机会,大部分学生是旁观者,致使教学不是面向全体学生,效果不大。

尤其是公开课,容量太大,节奏太快,课件太多(画面太多、音乐太响)。教师连珠炮式地讲话,手忙脚乱地演示,学生急匆匆地对答,扫描式地观看,没有咀嚼回味的时间，学习似浮光掠影，训练似蜻蜓点水。如此，知识怎能内化？技能怎能熟练？

语文教学被抹去了本色，拧干了原汁，错位、变形、变味、变质。语文教学原本简单，为何会这般嘈杂？应该是因为人们被"求异"思维搅乱了、混淆了，掺和了许许多多语文以外的附加物，把原本简单的事物复杂化了。讲得太多，太烦琐，讨论得太多，开掘得太远，增容得太多，使语文教学"变胖"，耕了别人的田，荒了自己的园。

鉴于此，语文课要"消肿""瘦身"，化繁为简，削枝去叶，突出主干，凸显主体，理清主线。把复杂的内容变得简单明了，使冗长拖沓的教学过程变得简洁，使复杂多样的教学方法变得简单易行。

著名特级教师于永正曾经就主张语文教学要简单一些。他说，简单语文，首先目标要简约，语文教学承载的是识、写、读、背、说、作、习。再简单一点，即培养学生的读写能力。在教学中，应该自始至终贯穿一个"读"字，特别是朗读。一个人能把课文读正确、流利、有感情，字、词、句的训练有了，语感训练有了，遣词造句、谋篇布局的能力有了，人文性也就在其中了。在读的过程中，要会品味，即品词、品句、品段、品篇，语文课给学生留下的是字词，是语感，是不可言传的感受。

华中师范大学的杨再隋教授认为应该平平淡淡、简简单单、扎扎实实、轻轻松松教语文。不要硬给语文课加码，加重任务，拔高要求，也不要脱离学生实际，求全、求多。不要把教学环节设计得过于复杂，也不要把教学方法花样翻新，更不要让课件充斥课堂，喧宾夺主。就小学语文教学而言，最重要的就是要奠基固本，要求切实，训练扎实，效果落实。要念好字、词、句、段、篇、听、说、读、写、书（写字）"十字真经"；紧扣知识、能力、方法、习惯"八字要诀"；强调基本知识、基本能力、基本方法、基本应用四项要求，提倡"一课一得"。

语文课就应该真真正正地做到把课堂还给学生，让学生成为课堂的主人。执教教师可根据不同的课型和学生的特点及认知规律，构建自主学习、合作学习、探究学习等多样的课堂，凸显语文课的特点，突出一个"学"字，学生就有了学习的自主性。把学习的主动权交给学生，可以极大程度地激发学生学习的积极性，调动学生思维的活跃性。教学的真谛应该是用最简单的方法在最短的时间内让学生获得最大的收获。这里的"收获",既有知识层面上的,也有技能层面上的,更有人格层面上的。教学应真正做到教师简简单单教,学生实实在在学,回归本真。

平平淡淡教语文,方显语文本色。《现代汉语词典》对"平淡"的解释是"平常;没有曲折"。本文拟改其意而用之:平淡即平实淡雅,不加色彩,不加修饰,不刻意雕琢,不故作姿态,不故弄玄虚,是原色、原汁、原味,是本色语文、本体语文、本真语文。

平淡为真,返于自然之色,归于纯净无欺。教师持这种心态,就会心平气和,以真心跟文本、学生进行平等对话,以真情和作者、学生真诚地交流。正所谓"清水出芙蓉,天然去雕饰"。

朴素的教育是质朴的、本色的、宁静的。语文教学要删繁就简,扎实发展。简单是一种境界,更是一种智慧。让我们的孩子在返璞归真的语文课堂里学习语文,享受语文。让语文还原本色,复归本位,与时俱进。

第二章 小学语文本真课堂实践的理论探索

第一节 《"三重四会五环节"小学语文本真课堂教学实践研究》的理论依据

一、问题的提出

综观新课程改革以来各地的小学语文教学,可谓变化不断,一些新方法、新理念层出不穷,给人一种扑朔迷离、无所适从之感,使语文教师困惑重重,处于焦虑迷茫的状态。语文课堂应是开放的、生成的、充满活力的,但实际的课堂教学却时常表现为"目标虚化,内容泛化,教学活动非语文化",教师教得辛辛苦苦,课上得紧紧张张,课堂教学效果不理想,致使语文课堂离语文的本质越来越远。

二、研究的价值

朴素的教育是不浮夸的,是质朴、本色、宁静的。所以语文教学要删繁就简,返璞归真,简简单单教语文,本本分分为学生,扎扎实实求发展。

我们构建这个课题的意义在于重视语文本身,回归语文本真,改变传统封闭的教学方式,进行去功利化的教学,抑制课堂上教师烦琐的讲解与分析,摒弃教学中的无效环节,创新民主开放、合作探究的教学策略,在提高语文课堂教学的实效上狠下功夫,在规定的时间内提高学生的阅读能力上大做文章,调动学生学习的主动性,把上课的着力点放在"学懂""会学"上,使学生在课堂 40 分钟的学习效率最大化。

基于此,我们确立了《"三重四会五环节"小学语文本真课堂教学实践研究》的课题研究，旨在通过该项研究推动学校课程改革实验，培养学生的自主学习能力，提高课堂效率，提升语文素养，促进教学质量的全面提升，促进学生的发展，促进教师的发展，促进学校的发展。让更多的语文教师清晰、完整、深刻地认识语文教学的目的与使命，让学生的学习活动更充分、更完整，发挥阅读教学"教文育人"的综合效应。

三、核心内涵界定

1. 本真课堂

本真课堂中的"本真"，指向的是"以人为本"，是对人这一主体的肯定，是一种价值取向，也是一种思维方式，凸显了尊重人、解放人和为了人。本真课堂就是"以学生为主体"的课堂，指向的是"什么最根本、什么最重要、什么最值得我们关注"。在教育教学过程中，追求学问的真实，做人的真谛，呈现扎实、真实、朴实的课堂。

2. 语文本真课堂

叶圣陶先生说："学生须能读书，须能作文，故特设语文课以训练之。"从语文课的初始状态看，语文是紧扣字、词、句、段、篇，以培养学生听、说、读、写能力为根本任务，这就是语文的出发点，我们说的语文本真课堂，就是在语文课堂教学中，要保持语文课的本色。以人为本，遵循语文教学规律和学生成长发展规律，在课堂上，从语言文字入手，积累词句、品味语言、感悟内容、学习写法；关注字、词、句、段、篇的基础知识训练和听、说、读、写基本能力训练，使学生语文综合素养得以提升。

3. "三重四会五环节"

"三重"是重阅读、重积累、重素养，"四会"是会读、会写（写字和写作）、会思考、会交流，"五环节"是课堂教学实施过程中的预习检测、读透文本、评价鉴赏、拓展延伸、习作练笔。研究中，我们践行"三重"基本理念，提升学生"四会"语文素养，探索"五环节"教学策略，充分调动学生学习的积极性，真正落实把课堂的时间、空间、内容还给学生，把教师从烦琐的文本分析中解脱出来，把时间和精力转移到如何指导学生学会学习的方法上，变"教师教"为"学生学"，带领学生真阅读、真积累、真写作、真思考、真交流，使学生在自主合作探究的过程中，会读、会写、会思考、会表达，习得语文学习方法，形成语文学习能力，从而提高教育教学质量，提升学生综合素养。

4. 语文本真课堂与"三重四会五环节"的关系

在语文课堂中间加上"本真"一词，是为了突出语文回归的重要性，也为了凸显所研究的重难点。该课题研究的"三重四会五环节"的本源，就是小学语文课堂教学的追根求本。"三重四会五环节"，其"三重"的理念，"四会"的语文素养，以及"五环节"的教学策略，这一系列的构建正是对语文本真课堂思想的具体体现。

语文本真课堂教学紧紧围绕"五环节"，以阅读和习作为主要抓手，把学习的权利交给学生，让学生在教师的指导下读书思考，大胆交流，激发学生学习语文的兴趣，从而培养学生会读、会写、会思考、会交流的能力，形成良好的语文素养。

四、国内外相关研究文献综述

1. 关于小学语文本真课堂

叶圣陶先生说，口头为语，书面为文，把口头语言和书面语言连在一起就叫语文。这就是语文的本体。语文实践性很强，学生学习它，主要不是知识系统的构建，而是一个能力构建的过程，是一个语文素养提升的过程。语文本真课堂，优化学生学习语言的途径，培养学生语感，引导学生习得语言，形成语文能力。

语文本真课堂要更多尊重学生的个性特点，关注学生学习过程的参与度，关注学生与周边的融合度，关注学生的实践程度以及知识技能掌握的效度，将重心落在学生的亲历过程上。

在课堂教学中，我们要遵循教育发展规律，尊重学生身心发展特点，优化教学策略，促使学生的"本我、自我、超我"得到和谐统一，呵护本真，塑造人格。

基于此，我们提出了小学语文本真课堂教学理念，进行"三重四会五环节"小学语文本真课堂教学实践研究。"本"是以生为本，"真"是求真务实，让语文教学回归"语"和"文"的本真。通过该课题研究，培养学生的语文学习能力，提升语文素养，使学生自由全面发展。

2. 关于小学语文课堂有效教学策略

有效教学，简言之就是有效益、有效率、有效果。

鲍里奇在《有效教学方法》中明确指出：有效教学是教师精心安排的关键教学行为，即"清晰授课、多样化教学、任务导向、引导学生投入学习过程、确保学生成功率"。同时，又提出五种辅助教学行为，即"利用学生的思想和力量、组织、提问、探究、教师影响"，把它们组合成富有意义的节奏和模式，在课堂上实现教学目标。美国布鲁姆的有效教学理论"掌握学习"的基本思想是，提供恰当的材料进行教学，给学生充分的学习时间与恰当帮助，使学生达到规定目标。

钟启泉在《有效教学研究的价值》一文中指出，有效教学的最终标准是学生的成长。叶澜教授在"新基础教育"中提到，课堂教学价值在于"学生的发展"。新课程标准指出"以学生发展为本""师生在教育中共同成长"，在课堂教学中强调"三维整合"的"学科素养"教学目标，通过转变教与学的方式，提高教学的有效性。

从以上研究可以看出，由有效教学走向优质教学的研究，能让教师最大限度地利用优质教学资源，优化课堂教学各环节，使师生得以不断发展。

3. 关于阅读与积累

《九年义务教育全日制小学语文教学大纲》指出："要让学生充分地读，在读中整体感知，在读中有所感悟，在读中培养语感，在读中受到情感熏陶。"《义务教育语文课堂标准（2011年版）》（以下简称《语文课程标准》）指出："语文课程致力于培养学生的语言文字运用能力，提升学生的综合素养，为学好其他课程打下基础；为学生形成正确的世界观、人生观、价值观，形成良好个性和健全人格打下基础；为学生的全面发展和终身发展打下基础。"于永正老师在"五重教学"中谈到，儿童母语的习得能力是很强的，要重视引导小学生进行语文积累和迁移运用，其中语言、生活和感受是语文积累的重要内容，缺一不可。培养学生的语文能力，就要教学生会读、会写、会思考、会交流，激发学生的学习兴趣，点燃学生的心灵火花，变"要我学"为"我要学"，培养良好的学习习惯，让学生有兴趣地感受和体验。

4. 关于学习与思考

语文课程是一门综合性和实践性的课程，如何组织听、说、读、写的综合实践活动，需要向杜威的"从做中学"教育理论汲取智慧,通过"教学做"融会贯通，形成能力。美国学者埃德加·戴尔的"学习金字塔"理论指出，学习效果在 50% 以上的都是团队学习、主动学习和参与式学习。所以，必须在课堂有限的时间内，运用科学的教学方法，促进学生学习方式的转变，培养学生自主合作学习的能力。语文本真课堂应在"简单、扎实、自主、生动、有趣"中探索语文的新天地，就如《语文课程标准》提出的阅读教学就是要实现学生、教师、文本之间的对话的。

五、研究目标

第一，通过课题研究转变教师语文教学观念，提升教师语文教育素养，促进语文教学回归"语"和"文"的本真。

第二，通过课题研究从成功案例中探索出一套系统的、可操作的、有成效的、具有推广价值的语文本真课堂教学策略，提高语文课堂教学质量和效益。

第三，通过课题研究促进学生的综合发展，使学生在语文本真课堂中发展语言，张扬个性，升华情感，完善人格，形成独特的自主学习能力，全面提高学生的语文综合素养。

六、研究内容

第一，探索语文本真课堂的内涵与外延。

第二，践行"三重"基本理念，提升"四会"语文素养，探索"五环节"的教学策略。

第三，探索"三重四会"遵循的原则。

第四，探索"三重四会五环节"在语文课堂中的关系。

七、创新特点

此教学策略研究,是在"重阅读、重积累、重素养"基本理念引领下的具体实践与大胆创新,探索语文味十足、极易操作的简约教学之路。在实践中创新"执笔三步走""写字三看法""朗读五注意""预学单""行走在阅读间""百日书写工程"等,落在"细"点,落在"小"字,落在"实"处,具体指导课堂教学,学以致用,培养能力。

第二节 本真课堂的内涵与外延

本真课堂以学生的成长作为出发点和依据,着力改变教学过程中不合理的行为和思维方式,充分考虑学生的各种需求,培养求真、向善、崇美的高素质学生,追求教育实现人的主体价值和促进人的社会化两种功能和谐发展的课堂。我们的课堂不是表演给别人看的舞台,而是带领学生扎实有效地学习知识,发展能力,形成素养的地方。我们反对哗众取宠的华而不实,崇尚朴实的"家常课",注重课堂上形式与内容的和谐统一,还原课堂教学本色,追求自然、自主、自由、灵动的课堂,强调平等和谐的教学环境,让学生在不拘束、不呆板、不强迫的环境里进行自主探究性学习。

在本真课堂的教育教学过程中,要追求学问的真实,做人的真谛,呈现的是扎实、真实、朴实,落实到课堂里就是真读、真写、真思考、真交流。要简简单单、扎扎实实地开展语文教学活动,保持语文课的本色和做人的本真。

追溯陶行知的"真教育"理论,其主要思想是"真实,真诚,真理"。真语文就是讲真情以成"人",求真理以成"文",真语文在追求真诚、认真、本真,以真诚育真诚,以认真育认真,让学生真正站在课堂中央,语文课堂必须求真,求善,求美。所以,要还原语文教学的本来面目,去雕饰,复质朴,保天然。让语文课姓"语"名"文",把语文当成语文来教,回归语言、文学的本身,回归现实生活,感悟真切体验,在阅读与作文中追求真情实感。

崔峦先生曾指出:"教学的最高境界是真实、扎实、朴实。"语文的独特使命是教语言文字。"大道至简",我们的语文课一定要返璞归真,让语文还原其本色，复归其本位，正所谓"简简单单教语文，扎扎实实促发展"。因此，我们应该静下心来反思：我们的语文教学如何才能做到真实、扎实、朴实，切实提高孩子们听、说、读、写能力和语文素养。小学语文教学应该成为给学生提供真实情感体验的场所，通过语文教学，能够使学生用心感受课文中人物的情感，增加他们的情感体验；语文教师要在课堂教学中呼唤真挚的情感、真实的语言、真切的感悟，还学生一个本真的语文课堂。

于永正老师在《我看小学语文教学》一文中指出："语文姓'语'。小学语文除了姓'语'，还姓'小'。"语文教学说白了，就是教学生学语言、用语言的。而现在小学语文教学中既存在"越位"现象，又存在更严重的"不到位"现象。我们追求的语文本真课堂教学，正是于永正老师所倡导的这种实实在在地教，扎扎实实地教，达到"字要会写，书要会读，精彩诗文要会背，词语要会运用，作文要会写"。总之，"会了"才算是"真"语文。

古典哲学认为，"本真"即是"生存可能性的无蔽展开"。德国哲学家卡尔提出："人类的将来取决于本真教育的能否成功。"陶行知先生也说："千教万教教人求真，千学万学学做真人。"本真课堂教学，以学生的快乐学习为核心，倡导真实的学习内容、自然的学习过程和真正的学习体验。语文本真课堂教学，遵循语文教学的规律，遵循学生认识、成长与发展的规律，把"言"与"意"统一起来，把"人本"与"文本"统一起来，把学生精神世界的丰富与语文素养的发展统一起来，让学生有实实在在的语文收获，让学生的言语表达能力和心灵世界实现和谐全面的发展。

小学语文课堂原本应该是本真的语文课堂，但综观当下的语文课堂，虽然新课程理念深入人心，教师观念有了深刻变化，课堂教学有了较大变革，学生学习方式有了较大改观，但是，一个严峻的问题依然存在并逐渐凸显出来：那就是教师教得辛苦，学生学得痛苦却没有得到应有的发展，导致课堂教学低效或无效，与"本真"之源越来越远。

第三节 "三重四会五环节"的构建与设计

一、"三重"基本理念

1. 重阅读

课堂教学的各环节重视学生的自主阅读，并进行阅读方法、阅读内容、阅读量的具体指导。把课内习得的阅读方法运用到课外阅读，转化为阅读能力。通过阅读，让学生学会理解、鉴赏文学作品，培养高尚情操，丰富精神世界。

2. 重积累

在语文课堂内外有意识地带领学生积累经典名句、古诗词、精彩片段等，采用课前积累、课中积累、课外积累、活动促积累等多种形式，在阅读中积累，在积累中迁移，在迁移中形成能力。阅读、积累是形成能力的基础，有实践证明：只有当学生的阅读量达到了课本的4~5倍时，才有可能形成语文自学能力。所以，语文教师要树立大语文观，要有积累意识。

3. 重素养

重视培养学生听、说、读、写的能力，把读、写训练作为重点，要多读多写，学以致用，形成独特自主的能力，提升语文素养。

二、"四会"语文素养

1. 会读

课堂内外的读，要有时间、有环境、有变化、有方法、有效果。课堂上教师要引导学生读进去、读出来、真阅读、会阅读，在课堂阅读中学习语文，品悟语言，提升听、说、读、写能力。

2. 会写

要动笔写字、写话写文、真写会写。每节语文课都让学生有静心写字或专心写作的时间，练就一手好字，会写一手好文，从而形成良好的语文素养。

3. 会思考

课堂上教师一定要给学生留足思考的时间，引导学生养成边阅读边感悟的习惯，从小锻炼思维能力，形成正确的价值观。

4. 会交流

真合作、真研讨、会交流、会探究。遇到自己不能解决、需通过讨论才能解决的问题，就可以在小组合作中交流。但避免流于形式，不能为合作而合作，要真正学会合作、研讨与交流。

三、"五环节"教学策略

1. 预习检测

布鲁姆的有效教学理论指出，每个学生都参与教学活动是实施有效教学的前提。预习是为了让每个学生能达到在课堂上有所准备地学习，使课堂40分钟的有效学习最大化，课前预知，打好基础，带着思考与问题走进课堂，这更有利于课堂的深度学习。

低年级：侧重字词和课文朗读效果的检测。字词检测主要测生字词是否会读会写；课文朗读检测主要考查是否做到"五不"，即不添字、不漏字、不错字、不颠倒、不重复。

中年级：侧重对词语的积累与理解、课文的朗读以及资料的收集等方面的预习检测。词语的积累主要检测读音、字形与理解等方面的预习；课文朗读主要检测是否做到读正确、读流利；资料的收集主要培养学生查阅资料的习惯。

高年级：课前预习检测可根据不同情况进行。精读课文的检测可以是了解背景、收集整理资料，朗读课文、自主解决生字词，提出见解，解决课后问题等。略读课文的检测可以是带着问题读通全文，解决字词，深入阅读进行批注等。

课堂上，教师在课前或课中对学生的预习情况适时检测，及时引导。学完课文后，再进行巩固检测。这样做，比较容易达到检测目的，为抓实重点、突破难点起到助力作用，以提高课堂教学效率。

采用的方法可以是个人汇报、小组汇报、组内检测、教师抽测、问题检测、试卷检测等。到了中高年级，为了把课前检测落到实处，可以运用设置的"预学单"进行检测。

2. 读透文本

低年级：首先要读正确，做到"五不"，即不添字、不漏字、不错字、不颠倒、不重复。在读的同时，要把看、思、说、演、画、写等有机结合。

中年级：要做到读通、读懂、读得有感情，甚至熟读成诵，教师要加强指导，有组织、有计划地读。①感知性地读。初学课文时，通过朗读让学生把课文读正确、读顺畅，初步了解文章的主要内容。②理解性地读。课文的重点、难点部分让学生反复朗读，教师适当引导，读出感情。③熟读成诵，积累运用。

高年级：要让学生充分地读，在读中感知，在读中感悟，在读中培养语感，在读中受到情感熏陶。教给学生读书方法，变化读书形式；创设朗读情境，读出情趣；保证朗读时间，读出时效；教师重视示范朗读，发挥带动作用；优化朗读教学形式，提高学生朗读水准。同时，让学生在读中感受语言文字之美，逐步培养审美情趣。

随着朗读的逐步推进，学生才能把课文读透，熟读成诵就水到渠成，既积累语言又促进语言内化，得言、得意又得法。

3. 评价鉴赏

对学生评价鉴赏能力的培养，符合学科核心素养的要求。教师要注意利用一切教学手段来引导学生进行鉴赏，切入点可以是文章内容，可以是布局谋篇，也可以是修辞方法、体裁形式等。主要赏析"文章写什么，怎样写的，好在哪里"，通过赏析让学生习得语言文字的运用方法。

低年级：可以侧重于对学生鉴赏能力的培养，赏读是培养鉴赏能力的前提。课文常用的赏读方法有问答对读、师生接读、生生接读、填空背读、角色朗读、分组接力读、吟诵读、剧本表演读等，在读的过程中，要达到字正腔圆，把课文读美，在读中品味、积累语言。

中高年级：在提高学生鉴赏能力的基础上，可以侧重让学生学会遣词造句、布局谋篇等写作方法。这个环节就是语文课堂的阅读批注，每节课至少有5分钟静读批注，让学生走进文本，用心体会语言的妙处，自读自悟之后，在小组内交流，班内展示，启迪智慧，领悟方法。可以采用抓住关键词语、中心句、过渡句、含义深刻的句子、特殊的标点等方法赏析课文。

4. 拓展延伸

以课文为中心，进行阅读拓展和思维拓展。阅读拓展就是阅读和本篇课文内容相关或写法相似的作品；思维拓展是发散学生思维，进行思维训练。

"1+X"的拓展。"1"代表语文教材教学文本；"X"代表多种阅读空间、多种阅读文本，又代表由文本引发的由一篇到一类、同一题材等多种学习形式。

"由一篇到一类"的拓展。如，学完《杨氏之子》，推荐阅读《世说新语》中的小故事。

"同一题材"的拓展。如，学完《地震中的父与子》，推荐阅读《感悟父爱》《感悟母爱》；学完《生命 生命》，推荐拓展阅读珍爱生命的名人故事。

5. 习作练笔

不同的年级写的内容不一样。低年级可以是习字、组词、仿写句子；中高年级可以是修辞方法的仿写、常见结构段的仿写、文章的续写、小练笔等。可以侧重于课堂小练笔，如《学会看病》一课，赏析过后就进行练习：运用本课不同形式的心理描写，补充儿子的心理活动。

课堂教学的这五个环节，不一定都呈现于一节课上，要因材而定，根据年级段、教材内容、教学目标取舍整合，并在实践中勇于创新。这种教学方法以生为本，以学定教，以培养学生的学习习惯和能力为出发点，在朗读品赏中让学生学会阅读，爱上阅读，积累运用，爱上写作。

"三重四会五环节"小学语文本真课堂教学实践研究，遵循语文教学的规律，既注重学生基本知识与技能，又注重语文听、说、读、写能力综合素养的提高。教师讲的少而精，把时间还给学生，使学生在尽可能多的时间里取得最佳效果。

四、"三重四会"探索原则

1. 课前预习的适切性原则

课前预习环节，教师要择量布置预习，不能贪多，要保证绝大多数学生能够完成。过多或过难，都容易让学生对课程失去兴趣，反而得不偿失。但内容也不能太浅显，否则就达不到预期的效果。年级不同，课文题材不同，预习目标就要不断变化。这就需要教师把握好检测的分寸，为学生预习做好引领。

2. 学生学习的参与度原则

提高学生在课堂的参与度，是提高课堂教学质量的保证。"参与"是实现学生主体性的有效落脚点。教师要引领每个学生都积极参与到课堂学习活动中，要激发学生学习兴趣，灵活上好语文课，提高学生在语文课堂学习活动的实效性。

3. 小组合作的有效性原则

教师要在关注学生合作学习过程中注重合作效果，在教学设计与实践中，要善于把握小组合作的契机，选择好小组合作的内容，使讨论成为深化课堂教学、促进合作交流、发展创新能力的有效途径。

4. 课堂设计的简约性原则

"三重四会"的理念是力促教师在教学设计上做到目标简约、重点突出，每节课集中力量解决一到两个重点，力求一课一得。

5. 拓展延伸的依据性原则

拓展延伸环节在于课堂内外的紧密结合，体现自主学习的全过程。设计此环节，不仅要立足于文本和教学目标，还要跳出文本，源于课本且高于课本，让学生在学习文本的基础上，有所超越，有所发展。拓展延伸环节还要立足于因材施教，考虑学生的不同层次和个体差异，注意拓展延伸的有效性。

五、"三重四会五环节"在语文课堂中的关系

"五环节"的教学路径贯穿于语文课堂，承载着提升学生语文素养的教学任务。课堂上，通过扎扎实实的"五环节"达到积累、内化、运用语言的目的。值得注意的是，根据教材的不同与学习对象的特点，每节课要有所侧重，不可面面俱到。课堂上，教师要遵循语文学习的本质规律，通过"五环节"教学流程有效抑制课堂上教师过多讲解与分析，摒弃教学中的无效环节，调动学生学习的积极性，培养学生的语文素养。

"五环节"的教学策略以"三重四会"理念为导航，培养学生的学习力。语文能力的培养依赖于阅读、积累、运用，依赖于真实、扎实、朴实的教学过程。"五环节"要紧紧围绕"三重四会"教育理念进行教学设计，加大课堂训练力度，以恰当的教学方法指导学生学语文，变教师"教"为学生"学"，把上课的着力点放在如何使学生"自学""学懂""会学"上，使40分钟语文课堂效率最大化，培养学生自主学习能力，提高课堂教学效率。

"五环节"保证语文课堂不偏离语文总目标，"三重四会"促使教师注重语文素养的培养，改变教师传统的教学方法，构建开放、自主、合作、探究的学习方式，提高学生的学习能力及语文素养。

第三章 小学语文本真课堂的实施策略

第一节　让学生站在课堂中央

让学生站在课堂中央，就是把学生的学习和成长放在中心位置来考虑教学。课堂教学从动机到结构都是以学生的学习为中心来进行组织，那么具体我们应该怎么做呢？

一、转变学习方式

随着改革创新的推进，百年大计的教育改革也是大势所趋，被动式、填鸭式的传统教学模式已很难适应当前快速发展的形势。在传统的学习状态下，一部分学生虽然通过了传统意义上的考试，甚至成绩优异，但是在一些学生中，出现解决问题的能力低下、创新意识不足等问题，并不能完全具备我国教育所要求的新时代公民应有的素质。

因此，在当今的教学中让学生转变学习方式势在必行。学习方式是教学过程中的基本变量，反映了学生在完成认知任务时的思维水平，是行为参与、情感参与、认知参与以及社会化参与的有机组合的一个概念。转变学生的学习方式，就是要转变目前学生总是被动、单一的学习方式，提倡自主、探索与合作的学习方式，让学生成为学习的主人，使学生的主体意识、创造性思维不断得到发展。

1. 营造教育环境让学生积极参与

教师"教"的方式要发生转变，这是转变学生学习方式的发动机。而教师"教"的转变就是要从以教师为中心的课堂，转变为以学生为中心的课堂，把课堂还给学生，让学生做课堂的主人，充分发挥学生的主体地位。

这就要求教师要营造能引导学生主动参与其中的教育环境，让学生获得更多自主的学习空间和学习上的主动权，为学生的动口、动手、动脑提供足够丰富的素材以及足够充裕的时间和空间，让学生的多种感官一起并用，在情感波澜的促使下积极参与，主动发展。

这让我想起了高老师讲授的《大象的耳朵》这一课。该文是一篇童话故事，活泼生动的语言、新奇有趣的故事情节，非常符合低年级学生的心理特征，容易引发兴趣。课堂上，高老师将自己放到了引导者的地位，充分引领学生"我口说我心"，畅所欲言，使课堂效果锦上添花。整节课以开放性的问题设置为主。首先，在导入环节播放儿歌视频，提出"说一说你发现了什么"这一问题，学生在欣赏视频后，兴奋之余自由发挥。每个学生都是一个独特的个体，他们所注意的点也会有所不同，有的学生说出某种动物耳朵的样子，有的学生总结出每种动物的耳朵都有其不同的特点。其次，在认读识字环节中，让学生交流自己的识字方法，学生的思维被打开了：加一加、换一换，甚至还自编起了顺口溜。这又引导总结多种识记方法，起到了一个贯穿始终的作用。最后，在揭示课文主旨"人家是人家，我是我"这一点时，学生充分表达自己的理解，虽然个别学生的回答不是很契合主旨，但教师不要急于说出答案，而要及时肯定并通过让学生联系生活实际一步步引导他们说出自己的认识，充分地表达自己。这样的教学给了学生充分的读、思、问、议的时间，从而使学生在宽松的环境中学到了知识，培养了能力，促进了思维的发展。

2. 有效激发学生的学习兴趣与好奇心

学生高涨的学习兴趣和强烈的好奇心是转变学习方式的动力。著名物理学家爱因斯坦曾说过："兴趣和爱好是最好的老师。"兴趣是推动学生认知活动的巨大推动力。学生对学习有了兴趣，那么学习活动对他们来说就不再是一种负担，而是一种享受，一种愉快的体验，学生会越学越想学，越爱学，有兴趣的学习可以起到事半功倍的效果。相反，学生如果对学习不感兴趣，就不会有热情，就不会积极主动地去学习。学生的兴趣在很大程度上受教师的影响，教师要多动脑筋，在准确把握教材编排的意图上，创造性地使用教材，但又要不拘泥于教材。教师可以创设生动形象、丰富多彩的语文教学情境，引发学生的兴奋点，如讲故事、做游戏、画一画、唱一唱、猜一猜等。教师要善于将各科教学融入语文教学中，敢于创新，敢于尝试不同的教学方法，调动学生多感官地参与到课堂学习中。教师要善于使用鼓励的语言、信任的表情，及时地肯定和表扬学生，这样，才能保护每个学生的好奇心，使其敢于提出问题、解决问题；才能充分调动每一个学生学习的积极性和创新性，使学生主动地学习、快乐地学习。

3. 培养学生融入群体，发展自我

合作学习使学生在充满合作机会的个体与群体的交往中，学会沟通、学会互助、学会分享，在学习中学会合作，在合作中学会学习。

进行合作学习的任务应当明确、适当。学习任务必须具有一定的挑战性、开放性、探索性。在活动中，小组是一个整体。目标的达成是以小组而不是以某个组员的成就来衡量的。在共同目标的作用下，各组员结成"利益共同体"：成绩好、能力强的学生在自己完成学习任务后会积极地帮助其他学生；而成绩较差、能力较弱的学生则会出于集体荣誉感和自尊心，尽自己最大的努力去学习，以保证自己所在小组不会因自己而落后。因地制宜地确定任务，因人制宜地分工，小组有目标，人人有责任，从而使活动开展得有条有理，学生收获颇丰。

教师要发挥好评价的导向作用，对小组合作的成果给予恰当的评价，可采取团体奖赏、额外的休息或游戏活动等多形式的评价方式，为学生的小组合作学习不断地注入动力。

总之，我们要在新的教育思想和理念的指导下，认真组织教学内容，精心设计教学方法，注意发挥好教师的主导作用，切实把学生推到教学活动的前台。我们要尝试打破常规，敢于创新，积极实施主体性教学，使学生真正成为学习的主人。

二、施以沃土，方成栋梁

课堂是学生和教师思想交流、知识碰撞的最重要场所，可以说课堂就是教师的主战场。在这个战场上，教师需要像一位足智多谋的将军，带领着自己的学生蹚过无知的泥潭、穿过迷惑的丛林、登上知识的高峰。

很多人觉得课堂应该是以学生为核心的，要给学生更多自由发挥的空间，教师只需要起辅助作用就好了。我并不这么认为。这种观点太过于理想化，脱离了现实环境。学生在很多时候都还心智未开，需要教师用自己的经验和耐心来指引他们，充分发挥他们的能动性。有些人认为这种由教师主导的教育方法会扼杀学生的想法。然而，尊重客观规律是正确发挥主观能动性的前提。学生只有在认识和掌握客观规律的基础上，才能正确地认识世界。而教师起的主要作用就在于引导学生去认识和掌握客观规律，但是在这个过程中，教师需要紧跟发展潮流，需要不断改革和创新教育方式和方法。

1. "授人以鱼不如授人以渔"——学生学习方法和能力的培养

很多人都会有这样一个误解，那就是把教学和教书看成一回事。这种传统的错误观念影响到我国整个教育的倾向。很多教师把教育简单理解为传授知识，而传授知识的途径就只有"教书"，教师只是"教书人"。这种错误观念如果不改正，教育恐怕很难走向正途。教是教导，学是学习。教师应该做的是教导学生去学习。而学习是通过阅读、观察、理解、探索、实验、实践等手段获得知识或技能的过程，通过吸收知识和掌握技能用以改变自身的能力。简而言之，学习是一个过程，是一种能力。我们要做的是带领学生体验这个过程，领悟这种能力，而不是简单地把知识传授给他们。"授人以鱼不如授人以渔"，知识是鱼，学习才是捕鱼的能力。

学习也要注重实践：一是学习方法的实践，二是对知识的实践。

对学生而言，什么才是好的学习方法呢？适合他们的学习方法就是好的学习方法。怎样才能找到适合他们的学习方法呢？这就需要不断地去实践，然后总结，再将总结的方法用到实践中检验，只有这样不断进步着的、发展着的方法才是真正有用而且将被持久用下去的好方法。

毛主席曾说道："读书是学习，使用也是学习，而且是更重要的学习。"只有学生充分运用所学知识，才能把知识变成力量。每篇语文课文都或多或少有一些生字生词，学生学会了认、学会了写还远远不够，只有当学生在作文或日记中会运用时，才算掌握了这个知识点。

2. "百行以德为首"——对学生德育的培养

只是拥有了知识和学习能力，还不足以成为一个健全的人。一个人还要有美好的德行。在很多时候，我们忽略了对学生进行美德教育，但是历史表明一个人的德行要比他拥有的知识更重要。

对学生要循循善诱，让他们明白一个拥有美德的人才是一个值得尊敬的人，课堂上的道德传导不能只停留在讲的层面，而要多做一些活动，让他们体会到一个班级就像一个小集体一样，让他们学会关爱和尊重别人。对学生进行美德教育，不能仅仅停留在课堂上，在学生的日常生活各个方面都要体现，可以通过给他们布置家庭作业，如帮家人扫地、洗碗等，在做家务活动过程中让他们体会到父母的辛苦和对他们的爱护。

德育还包含劳动教育，一个不勤劳的人是不可能成为一个有美德的人。我们要让学生从小养成勤劳的习惯，更要让他们明白劳动的辛苦，进而明白对别人的劳动要抱有感恩之心。

古人云"百行以德为首"，一个人只有拥有了美德才能拥有别人的拥护和爱戴。而从小进行美德教育才能把这种品质深深地刻在学生的灵魂深处，这样在将来的岁月里，无论是碰到艰难险阻还是各种诱惑，他们都能做出正确的选择，做一个堂堂正正的人。

3."教书育人，爱生如子"——如何去爱学生

苏霍姆林斯基说过："儿童的心灵是敏感的，它是为着接受一切好的东西而敞开的。如果教师诱导儿童学习好榜样，鼓励仿效一切好的行为，那么，儿童身上的所有缺点就会没有痛苦和创伤地不觉得难受地逐渐消失。"教师应爱学生，把他们当成自己的孩子，给他们更好的学习环境、更好的学习体验，更好地培养他们拥有健全的人格。

对于学生，我们要慈爱，因为学生的心灵还十分脆弱，我们很多时候根本意识不到自己只是简单的一句责问就会给学生带来压力。我还清晰地记得发生在我身边的一件事：有一个学生在玩耍的时候，不小心把全班同学珍爱的金鱼缸碰到了地上。幸亏抢救及时，金鱼才活了下来。对此，我大声地斥责了这个学生。事后，我让学生轮流照顾金鱼，但是却把他给排除在外了。从此，这个学生的话变少了，也不那么淘气了。我觉得这次训斥终于让他成长了，内心还在为自己当初的处理感到开心。

直到有一天，放学后我偶然回到教室，看见他在那边看金鱼。谁知他看见我居然十分地紧张，我忍不住问他："怎么回事？"他一言不发，眼睛里闪着泪花跑开了。此时，我才明白，对于责罚，他的心里是多么难受。

我开始意识到自己的做法是不自觉地对学生的一种疏远，使学生受到了委屈。因为学生是无意的，而且对自己的行为感到了后悔，愿意做些好事来补偿自己的过失，而自己却粗暴地拒绝了他这种意愿。对这种真诚的、儿童般的懊悔，我却报之以发泄怒气，我的处理方法无疑给这个学生当头一棒。

自此以后，我再也不随意对学生说严厉的话了，更是充分给他们做错事补救的机会。当碰到一些倔强的学生，说教显然对他们没有多大效果，但一定不要放弃，要循循善诱，很多时候需要用故事、寓言来引导他们，让他们自己悟出那个道理。对于学习效果差的学生，教师一定要多鼓励、多关注，切不可在心里给他们贴上"差生"的标签。同时，要多和学生的家长沟通，争取早日解决问题。

三、把时间还给学生

1. 把读的时间留给学生

《语文课程标准》指出："教师应加强对学生阅读的指导、引领和点拨，但不应以教师的分析来代替学生的阅读实践……"著名教育家叶圣陶先生也说："语文科目之一，是使学生在阅读的时候自求了解，了解不了才给学生帮助一下，困惑得解，事半功倍。"因此，教师必须充分利用课堂时间指导学生读，尽可能地让学生多读，切不可用自己的"讲"代替学生的"读"。读书是学生自己的事，学生才是学习的主体，有效的朗读可以促进学生的理解，胜过老师不厌其烦的讲解。

记得我在教学六年级上册《狼牙山五壮士》时，先让学生听了一遍录音，然后泛读文中感人的句子，可是一节课下来发现对学生只是起了些感染作用，学生自身并没有多少真切的体会，有些学生甚至连感动也不会产生。第二节课，我放开让学生自己去读，边读边体会五壮士的"壮"。当他们读到下面的句子时："五位壮士屹立在狼牙山顶峰，眺望着群众和部队主力远去的方向。他们回头望望还在向上爬的敌人，脸上露出胜利的喜悦。班长马宝玉激动地说：'同志们，我们的任务胜利完成了！'说罢，他把那支从敌人手里夺来的枪砸碎了，然后走到悬崖边上，像每次发起冲锋一样，第一个纵身跳下深谷。战士们也昂首挺胸，相继从悬崖往下跳。"学生的声音马上热烈激昂起来，情绪也很激动，有的同学甚至开始哭泣，我知道学生应该是被五壮士的英勇顽强、宁死不屈的精神感动了。接下来，我又让学生回顾阅读了五年级上册《圆明园的毁灭》。没有讲解，几分钟的思考和沉默之后，我让学生谈自己的感受，学生谈得很深入。尽管听录音或教师范读很重要，但学生通过自己读课文进入角色，产生情感的激荡，形成自己独特的认知和体验，激发潜在的情感更加重要。

在著名特级教师于永正教学《全神贯注》时，学生主要的学习活动也是"读"。下面是于老师给学生提出的问题：

师：刚才几个问题的答案都在课文里面，请你们把课文认真读一遍，一边读一边思考：为什么说一个下午学的东西比多年在学校里学的还要多？

师：书读完了，问题的答案找到了没有？

师：其实我担心的不是能不能找到答案，我最担心的是你们能不能把书读好——书读好了，答案自然会有的。再念一念，好不好？看看于老师的担心是不是多余的。

（学生读完后，为了检验读的情况，于老师又指名学生读，并有针对性地指导读。接下来，开展读书比赛。为了让学生在比赛中取得好成绩，于老师又让大家充分准备）

在第二节课上，开展了两个回合的比赛，先是让朗读基础差的学生读，然后是小组长和优秀学生读。《全神贯注》这篇课文阅读一遍至少要8分钟，于老师先让学生带着问题朗读一遍课文，接着又以"看看于老师的担心是不是多余的"这句话来激励学生再去读一遍课文，最后为了检验学生的朗读效果，指名分节朗读一遍课文，并随机指导。反思于老师的课堂，在课堂上于老师舍得花很多时间让学生去充分地读，只有读好了，情感才能自然显现。

读很重要，那么怎样在课堂上激发学生的阅读兴趣呢？教材中一些课文故事性强、情节生动、适合排演课本剧的，可以让学生当堂演一演，在表演中促进阅读。如三年级下册《陶罐和铁罐》一文，在学完课文后，我让学生扮演陶罐和铁罐，并配有旁白，再现文中的一幕。学生在表演中已将对文本的体验内化为自己的语言、动作和表情。这样的氛围轻松活泼，深受学生喜爱，能够让学生更深入地理解文本的内涵。

在教学中，我们要把读渗透语文教学的全过程，要努力提高学生读的水平，学生只有很好地读才能更好地走进文章，才能感受到作品的脉搏，才能触摸到作品的灵魂。作品的理解和疑难，主要是通过读来解决，读本身就具有感染力，语文课堂不可缺少学生的朗朗读书声。

课堂上把读的时间留给学生，就等于教师引领学生走进了文本，带领学生在字里行间体验感悟，这样的课堂才真正地把语文教学过程变成了学生、文本、教师之间的对话过程，从而真正实现语文教学效率的提高。

课堂时间毕竟有限，《语文课程标准》明确提出：小学五至六年级课外阅读总量不少于100万字。教师除了指导家长做好家庭阅读，更重要的是让学生主动收集和课文有关的资料进行阅读积累。只有长期坚持，学生的阅读能力才会在不知不觉中慢慢提高，学生自觉阅读的习惯才会逐渐养成，从而达到《语文课程标准》提出的目标。

2. 把写的时间留给学生

如今，不少教师的教学设计刻意追求完美，课堂上热热闹闹，教学手段丰富多彩，学生也学得饶有兴致，但是，教学效果却不尽如人意。语文教师普遍觉得语文课越来越难上，课堂上往往顾此失彼，力不从心；学生一会儿看视频，一会儿讨论，一会儿又表演，课堂就短短的40分钟，过度追求华丽，却忽略了实质性的东西。我认为课堂就应该以学生为主体，以思维为主线，给学生留一些空间，让学生静下来，动笔写一写。

（1）动笔做批注。俗话说："不动笔墨不读书。"如果在我们的语文课堂上，学生能做到认真听讲，积极讨论，同时教师又引导学生动手做批注，记下自己思考的历程和瞬间的心灵感动，那我们的语文课堂就会充实很多。动手是学生对自己在课堂上读书探究过程的记录、监控和反思——对喜欢的人物写下自己的点评，标记感动的语言并写几句感受……批注是一种传统的读书方法，让学生动手对课文做批注，写下的批注就像一条索道，将学生的思维以及真实体验与文本紧密联系在一起，也和教师的思维体验联系在一起。动手做批注是文本与学生脑力活动相结合的产物，这是课堂教学中学生留下的思维痕迹。比如，在教学《冬阳·童年·骆驼队》时，我让学生细读品悟：课文描写了哪几个画面？作者是怎样让我们感受到这种画面感的？边读边做简单批注。汇报交流时，学生交流得非常精彩。有的说，作者通过"精选词语"让我们看到了骆驼咀嚼的画面；有的说，作者通过聚焦特征让我们看到了骆驼的样子；还有的说，作者通过展开对话让我们看到了英子依偎在父亲怀里幸福的样子；更有细心的学生发现课文的题目就是一幅画面。这就是学生留下的思维痕迹，课堂上一定要留出时间让学生做批注。

（2）动笔写字。记得金文伟教授曾说过：40分钟的课堂我们起码得给学生留10分钟写字的时间，不要一直讲个不停。《语文课程标准》也提出：在小学阶段累计认识常用汉字3000个左右，其中2500个会写。《语文课程标准》也对每个学段的写字提出明确的要求。而教师在听、说、读、写的训练中，往往只注意到了听、说、读的训练，却忽视了"写"。"写"成了学生的课外作业，课下让学生自由书写，学生都是机械地抄写，导致学生没有养成良好的写字习惯——字体不端正，书写不规范，写字姿势也不正确。现在的语文课堂迫切需要学生"动手"，需要教师的示范指导，更需要在指导书写时反复强调写字姿势，让学生做到"提笔即是练字时"，"写字即是练字姿"。为此，每讲授一节新课，遇到生字时，我要么随文指导学生一笔一画写在田字格，要么就是在学文后对本课生字集中对比，再指导书写，课堂上我一定会保证学生写字的时间。

（3）当堂动笔检测。我们常常看到课堂上学生积极主动发言，整堂课热闹非凡，但是如果让学生将思考内容写到纸上，结果却是大眼瞪小眼，写不出东西来。究其原因就是课堂上"滥竽充数"的太多了，随声附和、缺少思考的大有人在，怎样把说的落到实处？这就需要当堂巩固，来个测试。教师不要怕浪费时间，课堂上一定要留出一定的时间来检测课堂效果，它带来的收获超过你的想象。

（4）课堂练笔习作。叶圣陶先生曾在《兼论读和写的关系》中指出："语文包括阅读和写作两个方面，读写结合是提高阅读能力和写作能力的根本方法。"《语文课程标准》也提出："语文课程是实践性课程，应着重培养学生的语文实践能力。"听、说、读、写是语文实践的根本途径，而读、写结合更是语文教学的一个基本策略。写，在学生语文学习中占有举足轻重的地位。课堂练写，读中有写，这是学好语文的一个重要方法。很多教师都明白这一点，因此会随着课堂的推进，适时地选择课堂练笔，趁热打铁带领学生写作。我认为，经典文章的教学有必要让学生当堂练写。由于课堂时间有限，重点在于段的训练。

比如，五年级上册《"精彩极了"和"糟糕透了"》一文有这样一段话："我再也受不了了。我冲出饭厅，跑进自己的房间，扑到床上失声痛哭起来。饭厅里，父母还在为那首诗争吵着。"记得我校窦明琦老师在教学该课文时，这样设计小练笔：父母还会怎样争吵？会争吵些什么？请联系上文和自己的生活实际，想一想，并写下来吧。这样的课堂小练笔就没有破坏课堂情境，所写的内容依然在情境之中，而且更加优化了课堂情境。所以，基于教学情境之中、课堂推进过程之中的小练笔才是最有效的。那么，在阅读教学中怎样选择练写点，怎样设计练写任务才能优化当堂的教学呢？我认为，教师一定要针对不同的文体和不同的教学情境设计练写点，这样才能获得好的教学效果。

再比如，六年级上册《桥》一文的结局是老党员和儿子都去世了，一位老太太来祭奠她的丈夫和她的儿子。针对这一情境，我校张老师在教学该课文时设计了小练笔：老人被洪水冲走了，而在最后一刻儿子获救了。此时，儿子会想些什么？做些什么？说些什么？给文章换一种结局，以配角衬托主角，突出主角人物品质的小练笔同样没有破坏、冲淡课堂情境，反而促进了学生对文章中心的理解和对文章主角高大形象的感悟。

写，是语文学习的体现。在课堂上我们一定要让学生静下来，动笔写一写。

3. 把思考的时间留给学生

我们估计都会有这样的感受：前一天看起来掌握得还不错的知识，第二天让学生回顾时，能够想起来的少了很多人，还有个别学生竟然全忘了。这是为什么呢？苏霍姆林斯基说过："懂得不等于已知，理解还不等于知识。为了取得牢固的知识，还必须进行思考。"可见思考在课堂教学中的重要作用。

课堂上，我们经常会遇到这样的情况：一张小嘴嗫嚅着，一张小脸憋红了说不出来……教师为了完成预期的教学任务，急着想听到学生"正确"的回答，结果就迫不及待地把现成的答案硬塞给了学生。这样的课堂，表面上看教师的教学任务完成了，但是作为学习主体的学生又学到了什么呢？实践证明，学生获得的仅仅是教师"灌"进去的所谓的"正确"答案，学生缺少独立思考的时间，也不能引导学生养成独立思考的习惯。早在几千年前，孔子就提出了"学而不思则罔"的观点，可见在学习过程中让学生思考是多么重要，不会思考的学生终将会被社会淘汰掉。随着教学改革的不断深入，我们在进行教学设计时总是绞尽脑汁，教学目标中既要有"知识与能力目标"，又要有"过程与方法目标"，同时还不能缺少"情感态度与价值观目标"，教学目标过于繁杂。依据《语文课程标准》，课堂教学过程中不但要有听、说、读、写，而且探究、合作、讨论的学习方法也要一应俱全，看起来课堂准备得很充分，课堂教学也热闹非凡，可是一堂课下来，教学效果却并不尽如人意。

　　课堂不在于热闹，而在于习得。学贵有疑，小疑则小进，大疑则大进。思维起始于问题，有问题才有解决问题的需要，才会产生学习的动机；在思考中对未知问题主动探究，学习行为才有效。课堂上，让学生在独立思考和小组讨论中体验学习的乐趣，提高学习的积极性，这些都是提高学生主动学习的前提。课堂上，教师应该放手，把课堂真正还给学生，让学生自己或者小组合作去探究、去质疑，让学生提出更多的问题，用问题来引领学生作更深入的思考。学生通过自主探索或者合作交流把问题解决了，在这个过程中习得的东西远比教师硬塞给的多很多。教师一定要"正位"，我们是引导者，不但要让学生学会，更要让学生会学。

　　我记得读过一篇文章，题目是《我最好的老师》，书中的怀特森先生为了培养学生独立思考和独立判断事物真伪的能力，通过一堂关于"猫猬兽"的课，让学生明白了不要迷信书本，也不要迷信权威。从此，学生上课成了一种"冒险"，因为怀特森先生总是想方设法让学生接受他的挑战。有时为了驳倒老师一个貌似正确的"论点"，学生常常会在课后花好几个小时甚至几天的时间去思考和论证。这是我们向往的课堂：学生时刻处于思考的状态，以思考的姿态迎接每一节课的到来。对于新知识，学生能通过自主学习掌握的，尽量让学生自主学习掌握，培养其自主学习的能力；需要小组合作解决的问题，大胆放手留给学生解决，在此过程中，让学生体验到小组讨论带来的快乐，同时也得到更多表现自己的机会。凡是需要学生配合的教学活动，尽量让学生参与尝试，让学生参与到教学中来。学生通过尝试、思考有所发现，才能实现真正的有效教学活动。

爱因斯坦说："要是没有独立思考和独立判断的有创造能力的个人，社会的向上发展就不可想象。"作为语文教师的我们，课堂上要留出时间来让学生思考，让他们养成勤于思考、善于思考的习惯。学生做阅读题不会做，无从下手；遇到阅读题就有畏难情绪，空着不做；稍微有点儿难度的题也不做……这些都是学生不会思考造成的。吕叔湘先生说："教师培养学生，主要是教会他们动脑筋，这是根本，这是教师给学生的最宝贵的礼物。"现在的学生过多地依赖教师、依赖家长、依赖网络，在此形势下，我们更应该在课堂上留出时间，教会学生思考，培养学生思考的习惯，给学生以方法的指导，给学生以思考的时间，让思考真正发生。

洪宗礼先生说过："在课堂上，只有不善于引导的教师，没有不愿意思考和不能思考的学生。"教师的引导重在课堂，我们一定要让学生站在课堂中央，只要我们给学生以思考的自由，又巧妙引导，学生的思维积极性就会被充分调动起来。记得在教学六年级下册《匆匆》一课时，第3自然段作者通过具体的生活细节写出了时间流逝的匆匆，学生学得入情入境。我顺势抛出问题：结合你的生活实例说一说，时间还怎样匆匆流逝？经过思考，学生得出了丰富多彩的答案：有的说踢球的时候，日子从脚边过去；有的说做课间操的时候，日子从双手边过去；还有的说写字的时候，日子从笔尖过去……学生都能结合自己的生活写出关于时间匆匆流逝的句子。这种自由开放式的探讨，拓宽了学生思考的广度，提升了学生对课文理解的深度。

只要教师在课堂上给学生留出充分思考的时间，让学生成为思考的主角，学生一定会绽放精彩！

4. 把说的时间留给学生

《语文课程标准》指出："工具性与人文性的统一，是语文课程的基本特点。""说"就是语文工具性的直接体现。在实际教学中，语文课成了识字、拼音、阅读和作文课，课堂上教师们忽视了学生的"说"。现代社会，处处需要与人沟通交流，语言表达尤为重要，重视说话训练也是社会发展向语文教学提出的新要求。统编教材精心设计了口语交际内容，口语交际的话题切合学生的年龄特点和生活实际。教师们一定要引导学生在口语交际课上把想说的说出来。

比如，一位教师在教学一年级上册口语交际"小兔运南瓜"时，抓住口语交际要求：小兔可以用哪些方法把南瓜运回家？让学生在小组内交流，又给了学生充分的说的时间。虽然是一年级的学生，但说得很精彩：有的说请别人帮忙，有的说把南瓜立起来推着回家，有的说找根绳子拴住拉回家，有的说找车子运回家……还有一个学生说："把南瓜切开，一块一块地拿回家。"其他学生一听，马上反驳说："不行，南瓜切开了，放不了多久就会烂掉。"没想到被反驳的学生却说："我可以送给好朋友或者长辈。"把说的时间留给学生，还让我们看到了学生美好的心灵。

不仅在口语交际课上，在其他课堂上也要给学生创造说的机会。记得刚来学校的时候，我跟随一位很有经验的老班主任丁丽敏老师实习，在她身上我学到了很多教学的艺术。我印象最深的是她选班干部的方式——先毛遂自荐，然后再民主选举。丁老师先让想当班干部的学生大胆地在讲台上说出自己想担任的职务和担任这项职务的原因。在毛遂自荐的过程中，我发现有些本来不善言谈的学生，看到通过这种方式可以"推销"自己，都跃跃欲试。结果令人非常满意：学生表现非常积极。所以我觉得学生只有有了想说的欲望，才能产生兴趣，产生积极性，才会逐渐由想说变成敢说直到会说。

受丁老师的启发，在我的课堂上，当学生被叫到回答问题想说又不敢说的时候，我总会微笑着加上一句"不要怕，错了也没关系，大胆地说出来"。看似平常的一句话，但每次我话音刚落，学生都会放松很多，从而大胆说出自己的看法。另外，在学生回答完问题后再及时地加以肯定，一定能极大地鼓励学生，使他们树立信心。我自己在教学中就很注意这一点，不管是哪个学生回答问题，不管回答得如何，我都会绞尽脑汁找出他答案的闪光点，让学生知道他有能力回答好问题，下次还敢大胆说。在语文课堂上，我们还应该给学生多提供一些说的环境，让学生有机会说。比如：读完一篇课文，可以让学生叙述故事、说主要内容、说感受和感想……说文章主要内容是一个难点，记得我校张金香老师在教学五年级下册《草船借箭》

一文时，耐心引导学生，通过题目扩展法、六要素串联法一遍又一遍地让学生说，直到每个学生都说出、说简练为止。张老师在平时的课堂中也很注重让学生说主要内容，每一次表达都是学生思维的外化过程，这样的说可以有效地提高学生的思维和口语表达能力。

传达信息不仅要讲清楚，还要讲究说好。那么，怎样才能把信息表达得更好，让听者能听懂又爱听呢？这不仅需要长时间的语言积累，平时还要多锻炼自己的语言组织能力和表达能力。俗话说："熟能生巧，巧能生精。"说得多了，自然就能说好了。我们在培养学生说的能力的同时，还必须先引导学生多读，多积累，有了较深的文学底蕴，才有了说的基础，这样才能有话可说。教师还可以多给学生推荐一些关于口语训练方面的书，当然还要有一些经典的中外名著和报纸杂志等。从另一个角度看，学生是具有强烈的自我表现欲望的，他们渴望得到教师的赞许和同龄人的肯定，为了说好，为了展现出自我风采，他们就会认真地去读教师推荐的书籍。所以，说又带动了读。我想，这充分体现了四种语文能力听、说、读、写之间的相互促进和有机融合。

有人说：学英语最忌讳"哑巴英语"，学汉语也是如此。除了掌握必要的语音和表达技巧方面的知识，多说是一种锻炼口语最好的方法。我们不能只在英语和语文两个学科中留出时间让学生说，我们要把说渗透到各个学科，在每个学科的课堂上都要把说的时间留给学生。不仅如此，我们还要把说渗透到平时的生活中，不断鼓励学生，锻炼学生，这样才能说出精彩，才能真正实现语文的工具性的目的。

四、让课堂充满情趣

一位特级教师说：语文课堂就是和孩子们在一起玩，和他们在语言文字的丛林中结伴奔跑。于永正老师一生致力于小学语文教学，也致力于做一个孩子喜欢的老师。于老师的语文课朴实无华，但总是激荡着文字之美，闪耀着思维之光，充满了童年之趣。那么，如何让语文课像于老师那样，让课堂充满情趣呢？

1. 感悟语言之趣

现行小学语文教材所选编的文章，多是中外语言大师的经典之作，还有些经过编者的整理润色，更加适合儿童阅读，是小学生学习语言、积累语言和运用语言的范例。课堂上，教师要千方百计地让学生亲近文字，给这些文字涂上香甜的"蜂蜜"，带上清脆的"铃铛"，学生就一定愿意和这些文字交朋友，和它们对话。

于永正老师执教《祖父的园子》时，在充分朗读的基础上，让学生在黑板上写出自己发现的祖父园子里的好东西和发生的事情，然后让学生把园子里的事物进行归类概括，再用自己的话先概括再具体说一说在祖父的园子里看到了什么，随后擦去学生书写的词语，让学生透过这些擦去的词语，重新写上自己看到了一个什么样的祖父和一个什么样的"我"。于老师就是这样带领学生在文字间漫步，透过一个个普普通通的词语，发现文字背后祖父的宽容慈爱和"我"的调皮淘气。

原人教版一年级教材中《司马光》作为一篇白话小故事，清晰地记录了司马光小时候破缸救人的经历，语言朴实，情节流畅，读起来轻松自如，平实如话。但这个文本中蕴含着非常丰富的语言文字训练要素，目的就是让学生在没有负担的状态下，通过多种形式的朗读，在不知不觉中感悟这样言之有序的表达方式："花园里有座假山，假山下面有一口大水缸，水缸里装满了水。"同时，学会用上"有的……有的……还有的……"来讲述不同人物的不同表现。而统编版三年级上册教材中《司马光》则是以文言文的形式把这个故事呈现在学生的面前，寥寥数语，同样生动刻画了少年司马光勇敢机智的形象，让学生感悟到了一种更为新鲜和神奇的文字形式，感悟到了中华民族文化的博大精深和源远流长。学生在课堂上习得的表达方式、感悟到的语言文字的秘密，会给他们带来美妙的感受和神奇的力量，从而使他们的语言表达和心灵世界变得更加丰富多彩。

2. 享受思维之趣

语言是思维的外壳。学习、积累、运用语言，最终是要发展学生的思维，引领学生进行深度学习。教学实践中，那些能够激发学生思维活动的课堂教学，才有实际的价值和意义。否则，表面上的轰轰烈烈、声情并茂甚至声泪俱下的语文学习最多只能说是触及到了学生的情感世界，而没有真正触发学生的思维。因此，我们说这样的语文教学仍然停留在人文或者内容分析的层面上，是平面的、浅表化的、童稚化的语文教学，没有太大的价值。而充满童趣的语文课堂，理应是享受思维之趣的课堂。

一位教师执教统编教材三年级下册《古诗三首》，在学生初步了解《元日》《清明》《九月九日忆山东兄弟》这三首古诗的大意后，提出这样一个问题：这三首古诗为什么按照这样的顺序排列？我们可以调整这三首古诗的顺序吗？一石激起千层浪，学生从来没有想过这样的问题。大家议论纷纷，有的说是按照诗人所处的朝代编排的，有的说是根据诗人的知名度排列的，还有的猜测是按照诗人的官职大小来排列的。在学生百思不得其解的时候，教师为大家出示了一首《二十四节气歌》，学生豁然开朗，深刻领悟了编者在编写教材时的独具匠心。不经意间，学生经历了一场充满挑战的思维之旅。

张丽华老师执教《我最好的老师》时，把提取信息作为教学的重要目标，引导学生围绕"为什么说他是最好的老师"展开教学活动。学生在文本中行走，积极寻找支撑自己观点的信息，当学生找不到更多理由的时候，张老师追问："你说的这几条，我服气。但我觉得他还不能称为最好的老师，为什么？"一句话，既有对学生认真思考的鼓励，也有对他们深入思考的引领，把学生的思维不断引向深入，引导学生在提取信息的过程中要更加关注文章中的细节，更加关注语言文字背后的秘密。

3. 发现活动之趣

活动是语文课堂的灵魂，也是吸引学生爱上语文的法宝。教师要善于用活动的形式改进我们的课堂，让学生在丰富多彩的活动中体验别样的语文生活，带领学生走向更加广阔的语文世界。

《珍珠鸟》是冯骥才先生的一篇文质兼美的散文，作者用轻柔婉约的语言、清新隽永的文字记录了自己和珍珠鸟之间的真情和信任。教师在指导朗读环节，通过角色转换，精心设计了这样的朗读活动：

师：你先是离我较远，见我不去伤害你，便一点点挨近，然后蹦到我的杯子上，俯下头来喝茶，再偏过脸瞧瞧我的反应。

生：你只是微微一笑，依旧写东西。我就放开胆子跑到稿纸上，绕着你的笔尖蹦来蹦去，跳动的小红爪子在纸上发出嚓嚓的响声。

师：我不动声色地写，默默享受着你亲近的情意。

生：这样，我完全放心了，索性用那涂了蜡似的小红嘴，嗒嗒地啄着你颤动的笔尖。

师：我用手抚一抚你细腻的绒毛。

生：我也不怕，反而友好地啄两下你的手指。

就这样，人称的巧妙转变，角色的精彩演绎，在师生饱含深情的对读中，让我们真切感受到了作者和珍珠鸟之间的美好情愫，让人和鸟之间的信任变得更加真挚动人。

近年来，一些学校在语文教学中引入教育戏剧，引领学生对自己喜欢的文本进行改编，然后以课本剧的形式呈现学生对文本的全新理解，让学生在丰富的语言实践活动中感受文字的魅力。教育戏剧魅力在于体验，更在于发现，教师发现学生，学生发现自己，师生同行，走进一种更加幸福的语文生活。在活动中，教师和学生还不断改变观察视角，改变思维方式，从以往的关注自己的精彩到教师和学生一起观照同伴的精妙，让同台展演的班级在合作中见证成长，在合作中遇见惊喜。

课堂的情趣来自教师的智慧，来自课堂的生成。在充满情趣的课堂上，你会发现，教师正和学生一起探寻语言的秘密，感悟文字的精妙，享受思维和活动带来的语文之美。

五、让课堂充满情趣的创设

《语文课程标准》指出："语文教学应激发学生的学习兴趣，培养学生自主学习的意识和习惯，引导学生掌握语文学习的方法……"课堂是教学的主战场，课堂是给人智慧、给人力量的源泉，创造充满情趣的语文课堂一直是现代教师追求的目标之一。教师要创设多种情境，深入挖掘文本，充分调动学生学习的主动性，变"要我学"为"我要学"，让我们的课堂充满生机，让我们的学生乐此不疲。

1. 创设情境，激发情趣

语文课堂需要在关注语文要素和语言训练点的同时，多选择灵活多样的教学方式，激发他们的学习兴趣。可以出示图片并配上娓娓动听的背景介绍，可以师生一起做声情并茂的表演朗读，可以添加生动形象的视频画面，可以用实物进行现场展示，可以配上抒情优美的音乐……每节课都应该有这样的情境点，轻松地把学生带入文本中，让学生对课堂保留一份好奇心，激发学习的欲望和冲动。

在特级教师于永正执教古诗《草》时，有这样一个环节一直被人津津乐道。在检测背诵环节，于老师就扮演奶奶，装作没有文化、耳朵有点儿背，让"孙子"背给奶奶听。课堂上，学生的背诵热情一下子被点燃了，当学生背完后，于老师故意问："那么多花不写，干吗写草啊？""'离离原上草'是什么意思？""还有什么'一岁一窟窿'？"（故意把"枯荣"说成"窟窿"）老师故作愚态的疑问，使得师生间立即没有了距离，生活情境的融入，使学生学习热情更加高涨，对诗文关键词语"枯荣"的理解更加透彻明了。这种寓教于嬉的设计，极大满足了儿童好奇的心理。

2. 深入文本，寻找情趣

文本是语文课堂的依附，在文本中，无论内容还是形式，都蕴含着浓浓的情趣，如何帮助学生从静态的文字符号中体会其中丰富的情趣是很不容易的，需要教师去挖掘、发现和感受。

《铺满金色巴掌的水泥道》是统编教材三年级上册的一篇课文，这篇课文写的是一夜秋雨后水泥道上落满了金色的梧桐树叶，将水泥道装扮得更美了。作者小心地走在水泥道上，第一回觉得门前的水泥道真美啊！表达了作者对雨后美景的赞美、对生活的热爱。第三届青年教师大赛上，山东的张岩老师执教这一课时，对"凌乱"这个词语的教学处理极其巧妙：先让学生借助学过的理解词语意思的方法理解该词语；随后在黑板上用粉笔勾勒出两条水泥路面的边沿，学生取出提前放在桌斗里的梧桐树叶，走上讲台，把大大小小的梧桐树叶无规则地贴在"水泥道"上，加深学生对"凌乱"一词的理解；随后又借助显示图片，把大自然中更多凌乱但是很美的图片展示出来——"凌乱"的云、"凌乱"的五彩池、"凌乱"的海鸥等，帮助学生在丰富的情境体验的基础上理解词语"凌乱"的意思，并升华情感："这么凌乱，为什么还要说它美呢？"学生已经被教师引导着在这个词语中走了个来回，已经领悟到"这都是大自然赋予的，是一种最天然的美"；最后，配乐中师生共读，"凌乱的声音"加以"凌乱"的文本排列方式，把这种秋景之美、自然之美展现得淋漓尽致。这样的设计，既回答了学生的质疑，又加深了学生对课文的理解和体悟。

3. 突破重点，体验情趣

新课程理念主张"一课一得"，在突破难点重点的过程中，多增加学生的情感体验，不仅可以更好地落实教学目标，更主要的是可以改变学生被动参与课堂活动的现象。

有教师在执教《花钟》第1自然段时，教学重点是让学生了解不同的花开放时间不同，学习"开花"的不同表达方式。教师设计了让学生上台操作的环节，把花名、开花时间、怎样开花分别以卡片的形式展示，分步骤粘贴在黑板上，摆成一个花钟的形状。学生在实际操作中留心到不同的花开花的时间不同。"那作者为什么没有把后边开花的动作，都改为'花开了'？"学生相继回答："太啰唆了！""这样就太没意思了。""文章就不美了！""就太不准确了！"学生在质疑发问中关注到了这节课的重点，随后，在师生创设的各种情境中变化读的方式，让这种准确优美的表达更加深入人心。通过引导学生参与体验课堂活动，文中的疑难点就能很流畅自然地突破了。

4. 联系生活，感受情趣

没有亲身体验所获得的感受是模糊的、枯燥的，无法形成永久的记忆，只有想方设法去激发和增强生命主体的投射和实践，才能让学生真切地感受到文本的思想感情，才能写出真情实感来。没有生活，写作也就成了无本之木，无源之水。

一位教师在指导《我的心儿怦怦跳》写作时，首先以讲故事的形式绘声绘色地讲了自己坐过山车时心儿怦怦跳的事儿，又让学生上台讲自己心儿怦怦跳的事儿，学生一边讲，教师一边在黑板上做笔记，画出心跳图，把剪裁好的红心贴在心儿怦怦跳的地方。随后，教师又引导学生打开自己的学习单，让学生把自己生活中心儿怦怦跳的事写下来，回忆过程，在心跳图下面"当（　　　）时"处填空。然后又借助自己坐过山车的事例和微课的细致指导，从心儿怦怦跳的时候，心里会想什么、身体有什么反应两个方面把过程写具体。整个过程都是从生活情境入手，指导细致入微又很妥帖，特别是以动画形式诠释喜怒哀乐的短视频和具体案例指导的微课的插入，让整个课堂变得饱满生动。

学生从切身的生活体验中去感受、去理解、去体会、去思考，在轻松愉快的氛围中，就掌握了写作的要点，写好自己心儿怦怦跳的事也就不再是难事。

5. 角色转化，享受情趣

当学生长期处于被动接受的角色时，可能意识不到自己应承担的责任，也不知道自己为什么要这样做，怎样才能做得更好。有时进行角色转换，让学生真真切切当一回老师，也许他们会从切身的感受中得到启发，获得学习的动力。

在本学期开学初每周四的班级课外阅读展示课上，我们采用抽签的方式来检测阅读成果，书目是这学期必读的七本书，检测内容主要是人物特点分析、精彩段落分享等。每周的阅读展示都成为学生很期待的事情，此时，让学生站在讲台中央讲述自己的阅读故事和阅读感受，由被动变为主动，每个学生在课下都是精心准备，制作精美的课件，反复练习。小老师走上讲台，有一个意想不到的场景出现了：同学们个个情绪高昂，眼睛紧盯着黑板和小老师，面带微笑，或点头，或交流，或热烈鼓掌，大家沉浸在浓浓的阅读氛围中。转换角色就是这么神奇。

语文课堂的情绪氛围对提高学生的学习效率非常有效，使得课堂真正成为训练语文素养和能力、陶冶情操的能量场，让学生真正爱上学习，爱上语文课。

第二节 "五环节"的实践操作

一、"五环节"之预习检测

朴素的教育是最美的,除去浮华的语文本真课堂是质朴的,我们呐喊让学生站在课堂中央,践行着《语文课程标准》的理念,课堂是学生学习的主战场,基于此,我们确立了《"三重四会五环节"小学语文本真课堂教学实践研究》,通过该研究,推动了学校课程的改革实验,培养了学生自主学习的能力,提高了课堂效率,促进了学生发展。

俗话说得好:"凡事预则立,不预则废。"工人建房要备料,农民耕作要备耕,军队打仗要备战。学语文也是如此,教师讲课要备课,学生上课要预习。

预习是学生在课堂学习文本前,自主对文本知识掌握和自学能力自我提升的一个过程。检测,是为了促使学生学会学习,即从学预习到会预习,进而达到学会学习,主动学习。所以这个环节是基础,只有做好课前的预习,才能保证学生课堂学习的高效率。

课前预习既是一种科学的学习方法,也是一种良好的学习习惯,它可以作为培养学生自主学习意识和提高学生自主学习能力的重要手段,我们提出要让学生站在课堂中央,只有了解学生课前学习情况并进行检测,教师才能掌握学生课前对文本的了解情况,才能与学生一起对预习过程中出现的问题进行处理,提高课堂教学的实效性。

以实际教学为例,根据一年级学生的认知特点,预习要求比较简单,只需读熟课文即可。到了二年级，学生学会了许多识字的方法和许多书写的技巧，对语言的感悟也有了一定提升，于是在二年级下学期，我们设计了下面的预习要求，简称"预习五步曲"。

1. 读熟课文

学生根据自己的情况，只要做到不添字、不漏字，语句通顺就算过关。学习程度好的学生可能读两遍就能达到要求，一般学生读三遍基本上就能读熟，对语言文字敏感程度稍低些的学生读四遍也能完成。熟读课文情况由学生自己裁定。要求学生根据自己的情况裁决是否读熟，既是教师对他们的信任，也是对低年级学生自我管理意识的培养，符合低年级学生的心理特点和认知特点。

2. 读熟文本中"我会认"和"我会写"的生字，并写出它们的音序和部首

学生利用自己已学到的知识经验，对于一般字的音序和部首都可以轻松解决，有难度的可以通过查阅工具书、网络查询、询问他人等手段解决，学生在攻克难关的过程中，收获了自信和成就感。

3. 圈出文中的生字并读熟

生字的识记，犹如与不熟悉的人见面，见面多了自然熟悉。学生读课文是对生字的一个认识过程，学生给生字标记音序和部首是一个"相处"的环节，在文中寻找生字，就像在做"找朋友"的游戏，其乐无穷。学生在文中圈生字的过程，也是对生字的一个再认识的过程。教师通过设定的识字场景，引导学生一步一深入地在预习中与生字结缘，与生字玩耍。

4. 描红田字格中"我会写"的字

描红是学生学习书写、写好生字的一种方法。在一年级时，对于生字描红，为学生总结过一些方法：

第一，观察笔画在田字格中的位置，准确定位。

第二，首笔起笔很重要。

第三，细心描红，边描边思，思考字的间架结构怎样安排，思考笔画的长短和形状以及在田字格中的位置。

5. 出题测试

为了增强预习的趣味性，我们设计了预习测试题。比如二年级下册第

8课《彩色的梦》的预习检测题是这样出的：

一、连线。

piāo zhuàn cái pín

贫   财   赚   漂

二、写出生字的部首。

钱（　　）　财（　　）　骨（　　）

壳（　　）　赔（　　）　饰（　　）

三、组词。

漂（　　）　关（　　）　珍（　　）

币（　　）　贫（　　）　甲（　　）

要求：请你认真书写，态度端正。

预习检测题比较简单，都是基本内容，属于跳一跳都能摘到的桃子，所以学生没有畏惧心理。

预习新课，一般都安排学生在自习活动或下午放学后完成，第二天一上课，就对预习情况进行检测和展示。检测时，按三人小组合作进行，三人小组按座位排了号码，号码分别为1、2、3号。三人合作时，首先把语文书打开，1号同学领读课文中所圈的生字，2号同学对三人生字的音序和部首进行核对，3号同学对描红的生字进行评价。结束后，三人采用推磨式做检测题，1号做2号的检测题，2号做3号的检测题，3号做1号的检测题，做完后出题人批改，批改后进行改错题环节，三人预习互测结束后，击掌并呼号："我努力，我快乐。"三人合作测试结束后，接着是教师的测试教学，教师抽一个小组，让他们把小组内的交流和检测情况展示给同学，可以展示预习的一个环节、两个环节或几个环节，小组内商定。通过小组的汇报，教师对学生学习的起点有了更明确的认识，基于学情以学定教。在小组汇报时，我还要求学生把不懂或要问的问题提出来，使课堂学习更有针对性，提高了学习效率。

预习检测是引导学生学会学习、激发学生学会学习潜能的一个重要根基环节。每个学生都参与教学活动，是实施有效教学的前提，预习是为了让每个学生都能达到在课堂上有所准备地学习，使课堂40分钟的有效学习最大化。课前预知，打好基础，带着思考走进课堂，这更有利于课堂的深度学习。

二、"五环节"之读透文本

五环节中的第二环节"读透文本"，在小学语文教学中至关重要，可以说是小学语文的命脉、根本、灵魂。《语文课程标准》指出："阅读是运用语言文字获取信息、认识世界、发展思维、获得审美体验的重要途径。"这就是我们常说的"书读百遍，其义自见"。那么，怎样读才能达到有效，甚至是高效呢？

1. 初读之本：正确流利

把课文读正确、读流利，这是一条最基本的原则，是"读"这个环节的基础。《语文课程标准》在各个学段阅读目标中都要求学生读正确、读流利。怎样才能读正确、读流利呢？

（1）态度端正用心读。读书需要端正态度，如果态度不端正，一切都是枉然。朱熹说过："读书须将心贴在书册上，逐字逐句……"这明确告诉我们，有了端正的态度，学生才能静下心来认真读书，才有可能把课文读正确、读流利。

（2）逐字逐句正确读。态度端正了，指导学生读书就有了保障，如何指导学生阅读呢？朱熹说过："凡读书，须要读得字字响亮，不可误一字，不可少一字，不可多一字，不可倒一字，不可牵强暗记，只是要多诵数遍，自然上口，久远不忘。"这足以说明读书的首位就是正确地认读每一个生字、多音字、生僻字（外国人名、地名）等，还有日常口语易混淆的读音，如"刚劲""晕船"等。其次是读好长句子的停顿。课文中有许多长句子，因为断句不当，学生很容易读破句子，那么，理解就会有歧义；还应该注意使用不同标点符号句子的读法，使用不同的标点，句子的读法都不一样。

（3）多种形式夯实读。怎样让学生积极主动地把课文读正确、读流利呢？可以采用范读、同桌轮读、赛读、师生对读等多种形式，让学生读得有滋有味、兴味盎然。

2. 精读之秘：懂意思，习方法，学表达，悟情感

（1）懂意思、习方法。该过程包括以下步骤：

第一步，粗读，知大意。课前预习时，学生能把课文读正确、读流利了，课堂上就能深入文本进行阅读。深入文本阅读要遵循学生的认知规律：先要从整体阅读，了解课文的要义。如低年级主要是读好句子、短语，了解课文写了谁，做了什么事？中高年级除此之外还需要了解文章的类型，是写人记事，还是写景状物等，这是读懂内容的第一步。

第二步，细读，读懂关键字、词、句的意思。当然，读懂课文大致内容后，还需要读懂每个字、词、句的意思。读懂词义的方法，可以利用换词、看图、联系生活实际、查工具书、联系上下文等方法。如《大自然的声音》中的句子："当微风拂过，那声音轻轻柔柔的，好像呢喃细语，让人感受到大自然的温柔……"可以创设一个情境来解释"呢喃细语"，当某位学生读完句子，老师走到他身边，轻轻夸奖他读课文的声音就像百灵鸟在歌唱。顺势引导学生，刚才老师的声音像不像呢喃细语？也可以结合生活推测：当微风拂过脸颊时是什么感觉？运用多种方法理解词语，学生慢慢就读懂了课文，形成了能力。

理解含义深刻的句子是中高年级的重难点，可以抓住关键词语层层推进理解，如理解《落花生》中的这句话："我说：'那么，人要做有用的人，不要做只讲体面，而对别人没有好处的人。'"可以先理解"体面"，再理解"只讲体面"，层层推进，学生自然就会明白我们要做有用的人，可以讲体面，但是不能只讲体面，那样对别人没有好处。这样，抓住关键词语就读懂了含义深刻的句子，也就读懂了课文的真正意思。

（2）学表达，悟情感。歌德说过："内容人人看得见，涵义只有有心人得之，而形式对于大多数人是一个秘密。"此处所谓的形式是指语言形式。如一位教师执教《蜘蛛开店》就是抓住因果句式让学生学习。

蜘蛛决定开一家商店。卖什么呢？就卖口罩吧，因为口罩织起来很简单。（因果句式）

师生问答式阅读之后，让学生从文中找出卖口罩的原因。然后围绕卖围巾和卖袜子进行对比朗读，学生就会明白故事就是按照"挂招牌，顾客来，改想法"这样的思路来写，同样第二个、第三个故事也运用了这样的思路。这样的故事结构简单而有趣。学生在读一读，找一找，说一说，讲一讲的教学活动中读懂了课文，学会了讲故事，同时也感受到学习的快乐。

当然，这样精妙的语言形式、巧妙的表达方法在中高年级比比皆是。如《桥》这篇文章，作者用极具感染力的语言渲染了当时在危难到来时人们惊慌失措，在死亡线上挣扎而又无助的心态，特别是描写了洪水的势不可挡。如下面的句子：

"死亡在洪水的狞笑声中逼近。"

"近一米高的洪水已经在路面上跳舞了。"

"水渐渐蹿上来，放肆地舔着人们的腰。"

这几句话作者用拟人的方法写出了洪水对人们的威胁。这里的"人"像面目狰狞的"妖魔鬼怪"。一位执教教师独具慧眼，紧紧抓住这样的语言密码，特别是"狞笑""跳舞""放肆地舔"这些词，让学生体会洪水给人们带来的灾难。学生在读课文时声情并茂、如泣如诉，把课堂推向了高潮。就像宗白华说的："文学是如何经过艺术家的匠心而完成，借着如何微妙的形式而表现出来，这不是'常人'所注意，也不是'常人'所能了解的。"这位执教者就是找到了课文的语言密码进行了深度教学，其效果不言而喻。

"书是读懂的，而不是教师讲懂的。"叶圣陶先生的这句话道出了语文学习中"读"的重要性。语文课的第一要务是学习语言，而"读"是学习语言最重要的途径之一。通过阅读，学生才能将书面语言内化为自己的语言，才能有效地理解并运用语言。因此，语文教学一定要加强读的指导和训练。

三、"五环节"之评价鉴赏

评价鉴赏是五环节中最重要的一环。《语文课程标准》指出："应注重培养学生感受、理解、欣赏和评价的能力。"语文核心素养主要包括语言建构与运用、思维发展与提升、审美鉴赏与创造、文化传承与理解。这里的"审美鉴赏与创造"就是欣赏文本的妙秘，提高对文字的感受力、思维力，以达到提高语文核心素养的目的。赏是比较高级的阅读形式，需要静下心来认真阅读才能发现文字之美。

1. 鉴赏的角度

（1）特殊题目。题目是文章的"眼睛"，语文课本中很多文章的题目都很典型，很值得学生仔细推敲。如：《生命 生命》，作者采用叠词连用的方式，表达了对生命的渴望，对生命极其深刻的感悟；《冬阳·童年·骆驼队》，三个词语加两个间隔号，既有画面感又富有诗情画意；《"精彩极了"和"糟糕透了"》，两个相反的词语组成了联合词语，激起学生强烈的阅读期待；《与象共舞》不仅仅指和大象一起跳舞，还有人与大象和谐相处的意思，这叫一语双关；《彩色的翅膀》用动物身体的一部分命名，寄予作者美好的希望或者深切的怀念，表达了特殊的情感。

（2）妙词佳句。课文中很多妙词佳句写得非常传神，可以说精妙绝伦，如《桥》一文，当洪水没腿深的时候，老支书沉着冷静地指挥村民过桥时说的一段话，"老汉沙哑地喊话：'桥窄！排成一队，不要挤！党员排在后边！'"语气坚定有力，说话果敢勇毅，既交代了事情的原因，告诉村民怎么做，又告诫党员要发扬高风亮节的品格。《狼牙山五壮士》中描写班长在生死关头的果断决绝，只说了一个字："走！"带头向棋盘陀走去。"走"一个字就是一句话，语气坚定，一个舍生忘死的英雄立在我们面前。这些经典的词语和句子都表达了主人翁超凡的智慧和崇高的境界。

（3）段式结构。在中高段年级的语文课文里，很多构段方式都很典型，如《与象共舞》《彩色的非洲》等都是总分结构。《再见了，亲人》中的前三个自然段都是祈使句开头，中间回忆往事，反问句结尾，用这样特殊的段落，表达了中朝两国人民依依惜别的深情厚谊，也赞扬了中朝两国的友谊是用鲜血凝成的。这些典型的段式结构需要学生认真仔细揣摩、品评。

（4）修辞手法。恰当的修辞手法能使文章生动感人，增加文章的感染力，如《桥》中写暴雨肆虐、来势凶猛，使用比喻句："像泼。像倒。"作者连用了两个极简的比喻句写雨大，表现了雨的凶猛，也反映了当时情况紧急。《慈母情深》中描写母亲操劳的语句："母亲说完，立刻又坐了下去，立刻又弯曲了背，立刻又将头俯在缝纫机板上了，立刻又陷入了手脚并用的机械忙碌状态……"作者连用四个"立刻"构成的排比句，表现了母亲为了全家生活辛苦勤劳的形象。

（5）标点符号。标点符号也是表情达意的重要组成部分，如《穷人》中描写桑娜抱回已故邻居西蒙家的孩子后忐忑不安的心情，作者用了特殊的省略号，读来意味深长。"……是他来啦？……不，还没来！……为什么把他们抱过来啊？……他会揍我的！那也活该，我自作自受……嗯，揍我一顿也好！"这里的省略号既表现桑娜内心的担心、恐惧、犹豫，又表现了她宁可挨打，也要抚养两个孤儿的决心。

2. 鉴赏的策略

（1）鉴赏的步骤。

第一，读懂文章是基础。实践表明，要想让学生赏得深入而有意义，必须认真阅读课文，这是鉴赏的基础。这里的读是静思默读，深入阅读。

第二，给足时间是关键。所有的欣赏活动都伴随着思考，如果自读自悟的时间不充裕，学生的鉴赏就不会深入，特别是高年级，给足时间静静地思考，这是鉴赏的必要条件。

第三，交流分享再提升。每个学生都有表达的欲望，学生独立思考后，先在小组内互相交流、相互补充，这样能够保证每个学生都有发言的机会，之后再进行班级交流。同学们互相倾听，互相启发，灵感得以激发，思维得以碰撞，学生在课堂上才能真正成长与提高。

（2）鉴赏的方法。在语文教学中，我们常用的鉴赏方法就是比较。因为在比较中才能鉴别优劣，所以我们可以设置多个情境让学生在比较中鉴赏。

第一，句子比较。句子是构成文章的重要组成部分，进行句子比较就是进行语言文字训练，如学习寓言《拔苗助长》时有这样一句话："一天，两天，三天，禾苗好像一点儿也没有长高。"教学时不妨把"好像"去掉进行比较，体会作者遣词造句的精妙，体现种田人心里的着急——感觉禾苗没有长一样。

第二，同体裁比较。同一体裁的文章，作家不同，写法也不尽相同，通过比较，让学生发现作者独具匠心的构思等。如可以将写景的文章《山中访友》和《山雨》从文章的写作顺序、表现方法等方面进行比较，学生就能发现其中的奥秘。

第三，同事物比较。教材中有很多写小动物的课文，如《猫》《白鹅》《松鼠》《跑进家来的松鼠》等，但是表达方法不尽相同，教学时我们可以整合教材内容让学生通过比较阅读来进行鉴赏，这是一种深度学习，很有挑战性，学生也很感兴趣。

第四，开头与结尾比较。如《藏戏》《匆匆》的开头都以三个反问构成排比，学生品一品，赏一赏这样非常有特点的开头，一定会发现语言的奥妙。《卖火柴的小女孩》《凡卡》这两个故事都是以悲剧结尾的，一个是死在了大年夜，没有人同情，这是实写；一个是带着心中的美好梦想飞向天堂，这是虚写，给人心灵上极大的冲击和震撼。

第五，中外作家作品的比较。《"诺曼底号"遇难记》《桥》这两篇文章，同写洪水到来时人们的惊慌失措，船长指挥人们渡过危险的情节，在《"诺曼底号"遇难记》中，外国作家写的是船长用"开枪"让慌乱逃生的人们有序上船；而中国作家笔下的《桥》，写的是党支部书记用自己的人格魅力感染其他党员等行为使惊慌失措的村民有序上桥。

通过比较赏析，学生会对课文有一个更深层次的认识。学生的认识提高了，语文素养自然也就提升了。

除了比较欣赏，可以通过换词语、句子中欣赏，也可以联系生活实例、想象画面、结合背景等进行赏析。但不管采用哪种方法都要遵循学生的认知规律，抓住语言进行深入赏析。

四、"五环节"之拓展延伸

《语文课程标准》明确指出："语文课程应该是开放而富有创新活力的。""三重四会五环节"课堂教学模式的建构就是秉承这种教育思想精髓，把学生放在课堂中央，使语文课堂多彩而又朴实。

拓展延伸是以课文为中心进行阅读和思维拓展，我们施行"1+X"的拓展，"1"代表语文教学文本，"X"代表多种阅读空间、多种阅读文本，又代表由文本引发的由一篇到一本，由一篇到一类，由一个主题到另一个主题等多种学习形式。

关于拓展延伸的研究，可以说国内外百家争鸣，百花齐放。我们知道任何事情都得注意"度"的问题，拓展延伸亦是如此。拓展内容过多或难度过大，容易加重学生负担；拓展内容太少或太浅显，容易使拓展流于形式。课中如何让拓展既服务于文本，又反哺文本呢？关键是找准文本拓展点。叶圣陶说"教材无非是个例子"，我们精心钻研这个例子，根据教学实际、教材特点，选出了有价值的拓展点。

1. 重点句段处拓展，降低理解难度

语文教材中有许多揭示哲理的文章，由于受到生活阅历、知识水平、思维特征的限制，学生理解起来会有些困难。在教学中，我们要引导学生充分理解这些哲理内容，必须做必要的拓展延伸。

如教学《生命 生命》一课，对"我可以好好地使用它，也可以白白地糟蹋它。一切全由自己决定，我必须对自己负责"这句话理解时，拓展杏林子的相关资料，帮助学生突破教学难点。

2. 对文本中的"空白"处进行拓展，厚实文本内容

文本中有许多地方留有"空白"，令人遐想，因此在教学中抓住这些"空白点"展开拓展，既开拓学生的视野，又引导学生更深刻地感悟文本。

《黄山奇石》是一篇写景的经典课文。课文图文并茂地介绍了闻名中外的黄山风景区的奇山怪石。课文语言生动，描写形象，富有情趣。作者介绍了"仙桃石""金鸡叫天都"等怪石后，有这样一句话："黄山的奇石还有很多，如'天狗望月''狮子抢球''仙女弹琴'。那些叫不出名字的奇形怪状的岩石，正等着你去给它们起名字呢！"作者此处为我们留白两个点：其一，没有对"天狗望月""狮子抢球""仙女弹琴"这些怪石的形状进行描写，我们可以根据文本对"仙桃石""金鸡叫天都"的描写方式在这里对"天狗望月""狮子抢球""仙女弹琴"进行描述。其二，还可以让学生进行思维拓展，想象还有哪些怪石。引导学生通过文本的学习，达到不仅能说出石头像什么，还能说出所像事物的动作或形态，然后将从网上找来的另外几幅黄山奇石图加以展示，请学生们敞开想象，自由发挥，可收获意想不到的效果。

3. 质疑问难时拓展，生成教学资源

《触摸春天》中有这样一句话："许久，她张开手指，蝴蝶扑闪着翅膀飞走了，安静仰起头来张望。"

学生质疑:"张望"应该是用来形容有视觉的人,而安静是一个盲人,"张望"用在她身上不确切。

师:这个问题提得很有价值。请同学们谈谈自己的看法。

(学生讨论交流)

再出示:海伦·凯勒曾说:"世上除了用眼睛看世界,还有一种内在视觉,那可能是更真实的,那就是用心去看这个世界。"

教师首先组织学生解疑,学生在争论中阐述自己的观点,在争论的过程中不自觉地深入到文本深层;然后顺势介绍海伦·凯勒的生平,特别是出示她说的这句话,学生心头的疑云一下散了:原来用心也能看世界。这一疑点的解决又为下一句"谁都有生活的权利,谁都可以创造一个属于自己的缤纷世界"的理解服务。

4. 悟情体验时拓展,感悟文本意蕴

在学习《跨越海峡的生命桥》时,教师问:骨髓只能保存24小时,李博士带着这生命的火种出发了,经过十几个小时的奔波,你们知道这是怎么样的十几个小时吗?出示李博士送骨髓的工作时间表。

如果学生已有的知识储备没有达到一定量的积累,是很难有真切的体会的,如果有也是"无病呻吟"。在这个故事中,李博士是非常令人尊敬的,可学生对他不了解,单凭文章语句体验不会那么深刻,通过出示他的一日工作表和有关事迹后,形象的感知帮助学生树立起李博士的伟大形象,对文本的感悟就更深了。

5. 宣泄情感时拓展,激发学生情感

文以载道,文以抒情,教材中的许多文章都承载着作者深沉的情感,要让学生沉浸其中,与作者同悲同喜、同怒同欢,则要进行适当的拓展延伸。

学习《一个中国孩子的呼声》一文时,学生对文中"世界并不太平,不少地区还弥漫着战争的硝烟,罪恶的子弹还威胁着娇嫩的'和平之花'"等句子理解不到位,教师可通过让学生看录像和资料增加对文中语句的了解。

文中作者的失父之痛和强烈的呼吁,需要学生品味与领会,这是本节课的重点目标。通过资料的补充,学生真切地感受到了战争给人类带来的痛苦,情感被完全调动起来。

6. 主题升华时拓展，提升文本主题

主题是一篇文章的灵魂，我们应该在课文原有主题的基础上做适当的拓展和延伸，给学生更多的精神滋养和情感熏陶，提供语言练习机会。

《给予是快乐》这篇课文，有的教师这样总结："当我第一次看到这个故事的时候，我真的很感动，感动于小弟弟的幸福，感动于小男孩的无私，感动于保罗思想的升华。"我把自己的收获总结为这样一句话："爱可以启迪爱，快乐能够繁衍快乐，乐于奉献，人生才会美好充实。"这些拓展和延伸，加深了学生的认识，升华了课文的主题。

拓展延伸既要立足于课本和教学目标，又要跳出文本，让学生在学习文本的基础上有所超越，有所发展。

五、"五环节"之习作练笔

《语文课程标准》明确指出："写作是运用语言文字进行表达和交流的重要方式，是认识世界、认识自我、创造性表述的过程。写作能力是语文素养的综合体现。写作教学应贴近学生实际，让学生易于动笔，乐于表达，应引导学生关注现实，热爱生活，积极向上，表达真情实感。重视写作教学与阅读教学、口语交际教学之间的联系，善于将读与写、说与写有机结合，相互促进。""五环节"中的"写"，低年级可以是习字、组词、仿写句子，中高年级可以是修辞手法的仿写、常见结构段的仿写、文章续写、小练笔等。《语文课程标准》对低年级的"写"提出了这样的要求："对写话有兴趣，留心周围事物，写自己想说的话，写想象的事物。""在写话中乐于运用阅读和生活中学到的词语。"

针对《语文课程标准》要求，在学习的过程中，让学生在识字、阅读中积累一些优美的词句同时，还要注意引导学生学会运用这些语言文字，进行写的训练。

1. 营造氛围，巧妙写词语

（1）看图积累词语。课堂上我直观地给学生展示了一幅幅秋天的精美图片，学生看到精美的图片时惊叹不已，此时，出示这样一个问题："边看边想，你能找出几个描写图片中秋天的四字词语吗？"领着学生先看一

看图片中的天空，再看一看树林、果园、田野。看完后，学生说出了一连串的词语：天高云淡、大雁南飞、瓜果飘香、果实累累。不仅说了一些文中的词，还说了自己在课下收集的一些描写秋天的词语。最后，我让学生把这些词语写下来，积累到自己的词语本上。

（2）拓展写词语。在拓展延伸的词语运用中，抓住课后的读读抄抄进行训练，让学生能用具体、形象的词语把事物说准确。这些词语抓住了事物的特点，对事物进行了形象、生动的描述。在学生读熟这些词语后，我们进行填空练习：

（　　）的蓝天　　（　　）的地毯　　（　　）的桂花　　（　　）的稻子

接着，我又出示了菊花、枣、高粱、葡萄等一些代表秋天事物的图片，进行拓展延伸。出示：

（　　）的菊花　　（　　）的枣　　（　　）的高粱　　（　　）的葡萄

有了这些直观的图片做指引，学生的思维逐渐被激活了。下课后，让学生观察美丽的校园。通过观察，学生兴致勃勃地说着自己观察到的内容：青青的木瓜、黄黄的柿子、红红的月季花、金黄的落叶、软软的操场、高高的教学楼、活泼的孩子……

最后组织学生进行比赛，看谁写带"的"的词语最多。在学习过程中有了积累，学生才能写出很多带"的"的偏正词语。在教学过程中多给学生提供写的机会，激发其写的欲望，把握契机，有步骤地进行指导，学生的语言文字运用能力就能得到很大的提升。

2. 精彩比喻，不断雕琢

学习一年级下册第四单元关于比喻句的练习时，我们是这样操作的。

（1）例句仿写。根据单元的重点来练习，首先，让学生联系秋天的事物仿照例句说一说。我准备了一些这样的句子让学生补充。

木瓜熟了，_____，像_____。小草黄了，_____，像_____。枫叶落了，_____，像_____。

有了这些事物作为抓手，学生的想象就不会盲目，明白了应该抓住颜色、样子来想象。

（2）对比指导。有具体的事物让学生仿写难度不是太大，让学生联系生活实际来写时，却出现了意想不到的情况。他们写的句子都是这样：

月亮像小船。星星像宝石。太阳像火球。虽然他们写的这些是比喻句，但没有抓住事物的特点，又不能给他们讲一些理论性的东西。于是，我就写了一个比喻句："火辣辣的太阳像一个大火球。"接着说："火辣辣的太阳像一个大火球。什么样的月亮像小船？什么样的星星像宝石呢？"这时学生就准确地运用上了形容词。他们已经明白，要想把比喻句写得生动、形象，就得抓住事物的特点。

3. 动词开发，让写充满活力

句子中一个恰当动词的运用，往往就是传神点睛之笔，能赋予事物灵魂。《丰收的童谣》这首儿歌就给了我们很好的诠释。

在课堂上，我从"摘、捧、抓、拾"开始，让学生读出韵味，想象出画面，想象出秋天的美好，想尽一切办法让秋天在身边萦绕。

接着通过动作演示来创设情境。我举起一片银杏树的叶子，说："谁能猜测一下，这片银杏树叶是怎么到我手中的呢？"学生有的说是捡的，有的说是摘的，有的说是拾的，有的说是取的。我又问："这金黄的银杏树叶，该怎样收藏呢？"学生思考了片刻，有的说夹在书里，有的说放在包里，有的说放进相框里，有的说粘在画里。这时，我趁热打铁，接着说："你能不能仿照这个句子（出示句子）来说说？"当时学生的积极性非常高，带来意想不到的惊喜。下面就是他们仿写的句子：

摘一片金黄的银杏树叶，秋天——被我放进相框里。

拾一片金黄的银杏树叶，秋天——被我粘在画里。

接下来我又进行了发散思维的训练，一个学生写道："买一只可爱的蝈蝈，秋天——"被怎么样？卡壳了，不知道该用什么动词来表达了。由此来看这个学生是买过蝈蝈的，可能在家里也养过，就是不知道该怎么写了。我就提醒他："买了蝈蝈你放到哪儿了？"那个学生说："我带回家里了，每天我还喂它吃东西呢！"我接着提示他："你这样做就是把蝈蝈养起来了，那照着句子的样子该怎么写呢？"那个学生又说了："秋天——被我养在家里。"紧接着又有一个学生说："我也买蝈蝈了，我没把蝈蝈带回家，而是把它放回到草地上。""按照你的做法仿照句式该怎么写呢？"我继续引导。那个学生就说了："买一只可爱的蝈蝈了，秋天——被我放回到草地上。"学生们的思维活跃了，心灵开放了，智慧与情趣都飞起来了。

在低年级进行写的训练时，在把握住语文本真课堂"简单、扎实、自主、生动、有趣"的特点的前提下，探索语文的新天地，激发学生写的兴趣，培养学生写的欲望。

第三节 各年级段的语文课堂实施策略

一、低年级实施策略

低年级学生年龄小，自主学习的能力较弱，课堂上我们一定要关注学生的学习过程，在过程中逐步培养学习的兴趣和能力。低年级学生好奇心强，乐于动手。因此，课堂教学五环节一定要结合低年级学生的年龄特点实施教学，彰显低年级的教学特色。

1.预习检测

检测是为了促使学生学会学习，即从学预习到会预习，进而达到学会学习、主动学习。

低年级要侧重字词和课文朗读效果的检测。对于字词，主要检测是否会读会写；对于课文朗读，主要检测是否做到读正确、读通顺。测的方法可以是个人汇报、小组汇报、组内检测、教师抽测、试卷检测等。

2.读透文本

张田若先生说："阅读教学第一是读，第二是读，第三还是读。"可见，阅读教学中的读书是多么重要。

低年级课堂教学要做到"五步"读书环节。

第一步，自由朗读课文，读准字音，遇到不认识的字，借助拼音多读几遍。

第二步，认真听教师朗读课文，注意教师的语气和长句子的停顿。

第三步，模仿教师的语气，自由朗读课文。做到不添字、不漏字、不颠倒。

第四步，小组内朗读课文，认真听同伴朗读，取长补短。

第五步，指名朗读课文，比一比谁是朗读小明星。

学生经过这样一个过程，顺理成章地把课文读透了，熟读成诵了，既积累了语言，又促进了语言的内化，得言、得意、得法，一箭三雕。

在读的同时，要把看、思、说、演、画、写等有机结合。①与"看"相结合。低年级的课文大多配有形象生动的插图，教师可以充分利用插图，图文对照读课文，让学生看图说话。②与"思"相结合。《语文课程标准》强调"让学生在阅读实践中逐步学会独立思考，学会读书"。在教学实践中，我们要注意引领学生把读书与思考紧密结合起来，形成良好的读书习惯。③与"说"相结合。"读"是对信息的输入，而"说"是对信息的输出，培养学生的口头表达能力是一个长期训练的过程。④与"演"相结合。用儿童喜欢的表演形式帮助学生理解课文内容，能化抽象为形象，化难为易，突破难点。⑤与"画"相结合。这里的"画"，一是指边读边画出文中的生字、新词及优美的句子。二是指用图画表现理解的内容。这也是《语文新课程标准》强调的语文学科要整合其他学科知识，提高学生的综合素养。⑥与"写"相结合。写离不开读，读为写打好基础。让学生借助读学会写生动形象的一句话或几句话，为中高年级习作奠定基础。

3. 评价鉴赏

指学生在感知课文的基础上，针对文本和形式细致地阅读、评价、鉴赏，体悟语言，感受写作的妙处。这是语文课堂最精彩的环节，为下一步的写打下坚实基础。

对于低年级学生来说，阅读要求做到读准字音，读通顺，读流利，不添字，不漏字。在阅读教学中可以用"演一演""唱一唱""比一比"等多种方式激发学生的阅读兴趣。

4. 拓展延伸

语文课堂的拓展延伸必须要适度，应立足文本，对文本进行有效的拓展与超越。可以"由一篇到一本"进行拓展，如，学完《丑小鸭》让学生找《安徒生童话》读一读，从课内到课外拓展学生的阅读面，构建学生的阅读体系。

5. 习作练笔

对于低年级学生来说，习字、组词、仿写句子是最基本的练习。写字指导重在指导学生学会观察字形及基本笔画的占位，句子练习重在仿写训练。认认真真写好字，是教学的基本要求。指导学生写字练习要讲究教学策略，要重视学生的写字姿势，引导学生掌握基本的书写技能、养成良好的书写习惯，提高书写质量。同时，应在日常书写中增强练字意识，避免低质量的机械书写操练。

二、中年级实施策略

中年级学生虽然已经有了一定的阅读基础，但是，由于进入学校学习时间不长，所处的家庭环境和所受的家庭教育不同，阅读习惯和阅读水平乃至阅读天赋也各不相同。语文素养的提升是一个从量变到质变的过程，所以中年级的语文教学要针对学生的实际情况，彰显中年级的教学特色。

1. 预习检测

中年级学生已经有了一定的预习能力。这是一个基本的中年级预习范式：一读，大声读课文，读正确、读流利；二记，观察生字，看结构，数笔画；三画，圈画出课文的好词佳句；四思，围绕课后问题，再读课文，想一想；五悟，读了课文你明白了什么？具体操作时可以根据学情、文本特点进行个性化修订。

2. 各种形式的阅读理解

读的基本要求是人人读通、读懂、读透。这个环节每一遍的读，无论是口读，还是心读，都要带着问题去读，有目的、有层次、有方法地去读，读懂大意，读清思路，读精要义。读的基本方法有：①感知性地读，即初学课文时，通过朗读让学生把课文读正确、读顺畅。通过读让学生初步了解文章的主要内容。要强化初读，要拿出成块的时间让学生沉下心来读书。提倡课文不读熟不开讲。②理解性地读，即课文的重点、难点部分让学生反复朗读，加上教师适当讲解，把课文读懂、读畅，读出感情。语文课上，要引导学生研读文本。不能以教师的讲解或学生的集体讨论来取代学生个人的阅读。如：通过抓关键词语来读。《慈母情深》一课，在"默读课文，感悟理解"环节，教师以"震耳欲聋"一词为引领，让学生找出描写环境嘈杂的句子并反复品读，体会环境描写对人物的衬托作用。③熟读成诵，以形成积累。对于值得学生积累背诵的段落、篇章一定要让学生背诵下来。

3. 评价鉴赏

《语文课程标准》明确指出，阅读是学生个性化的行为，应注重培养学生感受、理解、欣赏和评价的能力。

我们这里的"赏"分为两个层面。第一个层面是赏文本、赏文本结构、赏遣词造句、赏修辞方法等。第二个层面是指学生之间赏学法、赏技能、赏技巧等。赏的点也是多层面、多视角的：可从题目上赏析、从特殊的标点中赏析、抓关键词赏析、从句段上赏析等。如：对于《索溪峪的"野"》第2自然段，学生是这样评赏的：有的学生抓关键词赏析。"从'天然''野性'这两个词语我体会到索溪峪的山是自然美，'野性'这个词用得特别好，写出了大自然的鬼斧神工。"有的学生赏写法。"由山形相对、山势相依作者联想到热恋情人、窈窕淑女，这里运用的是联想与想象的方法，这样写使文章形象、生动、有情趣。"有的学生赏文本结构。"这段话作者采用了先概括后具体的写法，这样写使文章条理清晰。"有的学生勇于质疑文本。"这种美，是一种惊险的美。这种美，是一种磅礴的美。这种美，是一种随心所欲、不拘一格的美。这三个句式相同，老师，这应该是排比句吧？句与句之间为什么不用分号，而用句号呢？"学生这样多角度地自主评赏，大大提升了主动阅读的深度，习得了语言文字的运用能力。

4. 展示和拓展

展示指学习成果展示，包括朗读技巧、语言积累、写作展示等。展示既是对学生本节课学习过程的展示性评价，又激发了学生的学习热情，让学生体会到学习的乐趣。可以是个人展示，也可以是小组分角色展示。这一环节朗读展示的要求与第二环节的读不同，要求达到正确、流利、有感情地诵读。积累展示要求整理课文中优美的词、句、段，为运用语言打下基础。谈收获时，要求学生用流畅的语言总结自己本节课学到了什么。

拓展除了指前面叙述的"1+X"拓展，还包括以课文为中心进行阅读拓展和思维拓展。阅读拓展就是阅读和本篇课文内容相关或写法相似的作品；思维拓展是发挥学生思维的宽度和深度，进行思维训练。从节选课文拓展到读整篇文章或整部作品，从读课文到读与课文内容相关或写法相似的其他文章，从课文拓展到作者的其他作品，等等，把课堂上习得的知识或阅读方法进行巩固运用，使之转化为能力，达到学以致用的目的。例如：学完《最后一头战象》可拓展到读作者沈石溪的《象王泪》《再被狐狸骗一次》等作品。

5. 书写和写作

《语文课程标准》中指出，写字教学要重视对学生写字姿势的指导，引导学生掌握基本的书写技能，养成良好的书写习惯。中年级写字教学要求：不仅要熟练掌握钢笔字的书写技巧，书写要做到正确、规范、整洁，还要在课堂上养成积累好词佳句的习惯。每节课写的时间不少于 10 分钟。

小学中年级学生正处在写作教学的关键时期，可通过以下四种方法一步步引导、提升他们的写作能力：①有话可说，轻松起步。很多三年级学生在刚刚接触作文时，往往存在能够说出来，却无法用语言表达的现象，引导学生写自己想说的话，写自己想写的事物，写自己对周边事物的感想与认识，且不受字数的影响，轻松起步。②放低要求，循序渐进。在写作中，只要语句通顺，表达内容具有真情实感，都应该鼓励和表扬。例如，以描写《荷花》为例，教师首先给学生展示荷花的图片，依次要求他们描写荷花的花瓣、荷叶和花茎等，并发挥想象。这样虽然每部分的文字不多，但是组合到一起就能够把荷花完美地描述出来。③引导学生善于观察。观察是学生认识和了解事物的有效方式之一，比如，在写景作文起步教学实践中，就需要学生对景物进行仔细的观察。例如，以描写《春天的花》为例，教师可让学生去野外或公园观察春天花朵的姹紫嫣红、五彩缤纷，为写作提供素材。④鼓励学生积累语言。俗话说"巧妇难为无米之炊"，要让学生有话可写，就要注重阅读积累。所谓阅读积累，一方面是积累文本中的好词、好句以及相关的写作素材，另一方面是学习作者的出色写作手法。比如，阅读《桂林山水》这篇文章时，学生不仅可以积累到描写江水的一些词语，如"清""绿""静"等，还可以积累到排比的写作手法，更可以积累到山水游记的写作风格和情感特色。小学生的生活经历还不是很丰富，许多知识和经验需要通过大量阅读来弥补。书读得多了，就会对一些问题产生自己的看法，从而产生写一写的愿望。俗话说得好："熟读唐诗三百首，不会作诗也会吟。"书读得多了，学生自然会产生想写的欲望，也会培养出写作的语感。一直以来，读写不分家，可以说，从阅读开始积累语文写作素材，是提高学生写作能力的第一步。

这里针对的是现有语文课堂重读讲，轻练写、动笔的现象，强调学生练写，少讲多练，每课必练、必写。保证写的时间与效果。

三、高年级实施策略

小学语文的阅读和写作一直以来都是语文教学的重点和难点，因此提升小学高年级学生的阅读与写作能力成了小学高年级教学的重中之重。叶圣陶先生说："阅读是吸收，写作是倾吐，倾吐是否完全符合法度，显然与吸收有密切的关系。"这些年，我长期在高年级段从事语文教学，越来越意识到在读中探究，读写结合，是一条提高学生写作水平的有效途径。

我们常说对于一篇课文，我们要走进去，再走出来。不仅要知道文章表达了什么，还要知道文章是怎样表达的。可是究竟怎样走出来，怎样让学生知道文章是如何表达的？鉴于此，我们充分发掘教材资源，让读写结合教学具体化。

实现读写结合关键在于找准读写训练点，抓住学生的兴奋点，即文本中的描写动情处、词句优美处、生动有趣处、思维创新处等捕捉学生的真切感受，拓展学生写的空间。那么有哪些具体的操作策略呢？

1. 仿写策略

所谓仿写，就是模仿某些范文的立意、构思、布局谋篇或表现手法，进行写作训练的方法，它是训练学生作文基本功的一种有效方法。仿写的关键是找准和把握写的点。

（1）仿句式。如《伯牙绝弦》一课，为了让学生充分体会俞伯牙和钟子期是知音，引导学生想象，俞伯牙的琴声还会描绘哪些自然景物？钟子期又是如何称赞的？模仿文中句式练说。

伯牙鼓琴，志在杨柳，钟子期曰："＿＿＿＿＿＿＿＿＿＿＿＿＿。"

伯牙鼓琴，志在春雨，钟子期曰："＿＿＿＿＿＿＿＿＿＿＿＿＿。"

伯牙鼓琴，志在＿＿＿＿＿，钟子期曰："＿＿＿＿＿＿＿＿＿＿＿＿＿。"

（2）仿修辞手法。如《匆匆》一课中仿写课文第3自然段，这一段主要是通过生活中的小细节，写出了时光流逝匆匆。可以这样引导：

1. 默读课文第 3 自然段,你从哪些语句中能感受到时间的匆匆流逝?作者是怎样表达的?做批注。

2. 读读这组排比句,体会它在表达效果上的作用。

3. 请你仿照课文中排比句的写法,想象时间怎样匆匆消逝。

_____的时候,日子从_____;_____的时候,日子从_____;_____的时候,日子从_____。

(3) 仿构段结构。如《索溪峪的"野"》一课的写法是先总后分,教学中可以引导学生模仿练写:索溪峪还有什么是"野"的,请发挥想象,把它写下来。

索溪峪的树就更有野味了!_____
_____

(4) 仿细节描写(人物外貌、动作、心理活动)。如《少年闰土》这样引导:鲁迅初次看到的闰土是什么样子的?

出示:紫色的圆脸,头戴一顶小毡帽,颈上套一个明晃晃的银项圈。

根据上面仿写的例子,请学生回答下面三个问题:

1. 从闰土的外貌中可以看出他是个怎样的少年?
2. 作者是通过哪些描写刻画了一个健康、快乐的闰土?
3. 请你用几句话描写一位同学的外貌,其他同学猜一猜他写的是谁。

(5) 仿篇章。如《蒙娜丽莎之约》一课,作者在具体描述画像时把眼前看到的和内心想象的自然地融合在了一起,这是本课的一个突出写法,品味写法之后,可以让学生模仿写《濮阳的麦秆画》,从整体到部分观察麦秆画,在进行部分描写的时候融入丰富的想象,表达对麦秆画艺术的赞美。

2. 补白策略

补白是指充分利用文本留白,走进文本,创设情境,给予学生想象的时间与空间,超越文本的课堂练笔。学生补白的过程,既是感悟和品味语言文字的过程,又是情感转化的过程,还是与文本、作者产生共鸣的过程。文章的补白可以是主题深化点补白和文中标点补白等。

(1) 主题深化点补白。如《怀念母亲》一文中,在理解日记的内容部分,重点理解作者所说的"我想到故乡，故乡的老朋友。心里有点酸酸的，有点凄凉。然而这凄凉却并不同普通的凄凉一样，是甜蜜的，浓浓的，有说不出的味道，浓浓地糊在心头。"可以设计这样的补白：

当想到故乡时，我仿佛听到了_____，又仿佛看到了_____；当想到故乡的老朋友时，我仿佛听到了_____，又仿佛看到了_____；故乡的一切_____。

学生在想象补白中更能体会到季羡林对故乡和亲人朋友的思念。

（2）文中标点补白。在《老人与海鸥》一课中，作者抓住了海鸥的动作，发挥想象让我们看到了有情有义的海鸥。当作者抬着老人的遗像越走越远时，海鸥还在紧紧追随……接下来又会发生什么？引导学生仿照文中的写法，抓住海鸥的动作，补充文中的省略号要表达的内容。如："当人们抬着老人的遗像越走越远时，海鸥独脚蹒跚地追上遗像，雪白的翅膀扑打着遗像，仿佛在与亲人做最后的告别。旁边的老沙，则目不转睛地盯着照片中的老人……"在想象补白中海鸥对老人的不舍之情再次得到升华。

3. 续写策略

续写就是依据原文，遵循原文的思路，进行创造性的延伸，它是发展学生创造性思维的有效途径。

如《卖火柴的小女孩》我们可以这样设计：假如小女孩来到我们中间，我们会怎样呢？借用文尾的空白点让学生展开想象续写，进一步深化主题。《凡卡》一课结尾说："他怀着甜蜜的希望睡熟了。他在梦里看见一铺暖炕，炕上坐着他的爷爷，耷拉着两条腿，正在念他的信……泥鳅在炕边走来走去，摇着尾巴……"课文结尾含蓄，给学生留下无限想象的空间，有的续写凡卡等了一天、两天……半个月过去了，终于绝望了，仍旧过着痛苦的生活；有的续写第二天邮差把信退回来了，告诉他地址不详；等等。不管想象结果如何，最终凡卡还是无法逃脱悲惨的命运。

有效的续写是课文生命力的再现和延续，续写培养了学生的想象力，使原文更加深刻动人。

4. 抒发感受策略

抒发感受就是在阅读完文本之后，针对文本主题进行拓展。

如教学《一夜的工作》一文后，设计随文练笔：

面对这样的总理，你还有什么话想说吗？把你们想说的话迅速写下来。

总理呀总理，您几十年如一日，为了新中国的繁荣和富强辛勤地操劳着。您不愧是中华民族的好儿女。

然后学生在教师的引读下，一遍又一遍地诵读，感受周总理为了人民，为了国家鞠躬尽瘁的伟大精神。

教材中的训练内容为读写结合提供了丰富的素材，在教学中，教师要抓住教材中的训练点，结合不同文体的写作手法和艺术特征，多角度、多方面、多样化地引导学生进行有效的读写训练。读中悟写，读中有写；以写促读，从仿到创，持之以恒，一定能够领略到"读写结合风光无限，能力素养提高显著"的成功喜悦。

第四章
各年级段典型教学案例

第一节　低年级教学案例

《"贝"的故事》教学案例

濮阳市实验小学　王利

教学目标

1. 认识"甲""骨"等15个生字，理解词语"甲骨文""饰品"，学习多音字"漂"，指导书写"贝""甲""骨"。
2. 正确、流利地朗读课文；了解"贝"的起源及作用，知道"贝"字旁的字大多与钱财有关；练习用"因为……所以……"说话，积累语言。
3. 感受古人造字的智慧，激发学生探究汉字文化的兴趣。

教学重难点

1. 知道"贝"的字义来源及"贝"作偏旁的字大多与钱财有关。
2. 认识形声字的构字规律，了解汉字的意思与偏旁有关。

课前准备

1. 教师自制课件。
2. 课堂上出示的象形文字的简笔画。

课时安排

一课时。

教学过程

一、课前交流，导入新课

1. 游戏激趣

师：（出示图画）你们能猜出它是什么字吗？

生：阳。

师：对，在远古时代，我们的祖先也很喜欢画画，他们把这些事物画成这样（出示课件）。

师：这是画，也是字，现在写成这样（出示课件：日、木、山、水）。像这样，以画为字的文字，叫象形字（板书：象形字）。

【设计意图】通过出示图画提高学生的学习兴趣，引导学生以高昂的激情进入学习状态。

2. 猜字写"贝"

师：下面，我来写一个象形字，你们猜猜它是什么字？

（板画贝的象形字）

生：是"贝"字。

师：你们是怎么猜出来的？

生：古人画出贝类的两扇壳张开的样子，就是"贝"字。

师：现在的"贝"是这样写的，伸出手，我们一起来写一写。

（指导书写"贝"字）

师："贝"是个独体字，略显瘦长，先找准起笔的位置写竖，再写横折，第三笔撇是主笔，写在竖中线上，先写竖再撇出去，点是长点。

师：现在，请你在书页的田字格中将这个字描一遍写两遍。

3. 导入新课

师：这节课我们就来学习"贝"的故事（板书课题），那么"贝"会有什么故事呢？

二、预习检测

1. 小组合作，预习初检

师：请同学们以三人一个小组形式根据预习要求进行小组交流。一号同学领读课文中的词，二号同学检查书中对生字部首和音序的标画情况，三号同学负责测试题的互检。

【设计意图】通过让学生以小组为单位对预习情况进行互测，能激发学生的学习兴趣，唤醒学生学习的主动性。

师：哪个小组来展示一下预习情况？

生：我们小组来展示。（小组展示预习情况）

【设计意图】学生可以根据自己组的情况，依据小组长的设计自由展示预习五项里的任何几项，还可以对一些疑难问题提出请求和帮助。这个环节发展了学生的个性，培养了学生的合作精神，使他们有主动学习意识，体验到自己是学习的主人的幸福感。

2. 检测学生的预习效果

师：我先来检查词语的掌握情况，请大家以开火车的方式来读一读。（根据情况随机指导）

（课件出示）甲骨文　贝类　漂亮　珍贵　饰品　随身　携带　容易　损坏　钱币

师：请大家齐读一遍。

师：上面有个词语"甲骨文"，大家知道什么是甲骨文吗？有知道的学生请举手回答。

（指名学生说，教师补充）

师：（出示课件）在古代，人们没有发明纸和笔的时候，就把文字刻在龟甲和兽骨上，就形成了最早的文字——甲骨文。

师：这些词里有一个多音字"漂"，它在这里读四声，不过它还有一个读音 piāo，你能给它组个词吗？

生：漂流。

师：漂亮的东西，我们常常会把它当作饰品。看看今天谁身上戴有饰品？（走到有饰品同学身边）你有，你有，你也有。漂亮的饰品让你们变得更漂亮了。

（全班齐读词语）

【设计意图】预习检测环节采用小组先检测，教师再检测这种循序渐进的方法，对学习较好的学生起到帮、辅的作用，对学习有些困难、预习不到位的学生起到查漏补缺的作用。在课堂中引入了竞争机制，符合低年级学生争强好胜的心理特点，激发了他们学习的欲望和激情。

三、读透文本

1. 读好第 1 自然段

师：把生字和词语放到课文中大家还会读吗？下面，我找两个同学来读一读课文，谁读第 1 自然段？

（指名读文，读后评价：读音正确，句子读得通顺，个别词还重读了，起到了强调作用）

2. 读好第 2 自然段

师：谁来读第 2 自然段？

（指名读第 2 自然段，第一句读后让其停住）好，先停一下。

师：（如果"当作"读错，老师指导）这句话里，除了"漂亮"的"漂"是多音字，还有"当作"的"当"也是多音字，"当"在这里读四声，是作为的意思。

师：跟老师读两遍，"当作，当作"。（如果"当作"读对，可以领着学生把这句话读一遍）好，请你接着读。

（读后评议：吐字清晰，顿号间隔的字也读出了停顿）

【设计意图】俗话说："书读百遍，其义自见。"读熟文本，学生才能够理解与对话。设计读文本的环节，并下功夫让学生读熟、读会文本，通过课堂的积累为学生的写作打下基础。

四、评价鉴赏

1. 默读第 1 自然段并思考

师：课文分两个自然段介绍了"贝"的故事，我们先来学习第 1 自然段。默读第 1 自然段，结合插图，看看你读懂了什么。

（学生默读思考，指名回答，随机评议）

师：通过默读课文，大家知道了贝壳的作用和甲骨文"贝"的来源，了解了"贝"的演化过程。在课堂上我们要学会如何读书，一边读，一边思考。

2. 学习"类"字

师：这一段中有个生字"类"，你是怎样记住的？（指名回答）

师：具有相同或相似特点的事物可归为一类。书上有个词语——"贝类"，你能把"类"字放前面组个词吗？如，类别、类似、类同、类型等。

3. 学写"甲""骨"字

师：这一段还有两个生字"甲"和"骨"，这两个字不仅要会认，还要会写。请同学们先观察田字格中的这两个字，从三个方面看：一看结构，注意各部分比例；二看笔画占位，注意起笔收笔；三看特殊笔画，注意关键笔画、变化的笔画、易错的笔画。

（学生观察，指名回答）

（教师范写指导）

师："甲"是独体字，比较简单，把"里"的两横去掉，就是"甲"字。上面要写宽一些，竖和横折的折稍向里收，中间短横不与两边相连，竖是主笔，写在竖中线上，收笔要提笔，写成悬针竖。（参考课本上的"甲"字）

师："骨"是上下结构，整体看上紧下松，上宽下窄。从竖中线左侧起笔，竖要短，再写横折。要注意，外面是大横折，里面是小横折，折落在竖中线上。秃宝盖要宽，托住上面，盖住下面。下面的"月"第一笔要写成竖，第二笔的横落在横中线上。

师："骨"这个字很有意思，上面是冎（guǎ），指没有肉的骨头，下面的月指肉，两部分合起来，就是骨肉相连。你看看，我们的骨头是不是大都藏在肉里呢？

师：下面我们来写字，（写前提醒）先调整坐姿，头正，身直，双脚放平，两肩放松。执笔要正确，写字做到三个"一"：一拳、一尺和一寸。

（学生写字）

师：已经写完的同学对照范字检查一下，写得不好的地方可以修改。同桌都写好的，可对照结构、笔画占位、特殊笔画三方面，相互检查。

4. 齐读第1自然段

要读出贝壳的作用和"贝"的来源。

5. 指名读第2自然段

师：下面请一个同学来读第2自然段，其他同学边听边想，这一段讲了"贝"的什么故事？

师：古人为什么把贝壳当作饰品呢？你能用"因为……所以……"说一说吗？

（先指名回答，然后全班同学一起说一说）

师：贝壳还有什么特点和作用呢？也用"因为……所以……"来说一说……我看大家都会，我们一起说吧。

师：用"贝"作偏旁的字大多和钱财有关，我们齐读这句话，把和钱财有关的生字再读一遍。给它们组组词，同桌相互说一说。

师：我们一起读读这些词语。

（指名说词。出示词语，齐读）

（齐读第2自然段）

【设计意图】指导学生在熟读课文的基础上，针对文本和形式进行细致的阅读、评价、鉴赏，体悟语言，感受作者写作的妙处，因为是低年级教学，所以以欣赏词、句为主。

五、拓展延伸

师："贝"的故事来源于《汉字的故事》这本书，这里面还有许多汉字故事，大家课下可以读一读。

【设计意图】通过拓展延伸引导学生走向课外阅读，培养阅读兴趣。

《彩虹》教学案例

濮阳市实验小学　庞自娟

教学目标

1. 能正确认识"虹""座"等 12 个生字和衣字旁，会写"那""着"等 7 个生字。
2. 能正确流利地朗读课文；读懂、读好多个分句组成的长句子，能读出问句的语气。
3. 感受纯真的想象世界，体会关心家人的美好情感。

教学重难点

在理解句子的基础上，读好多个分句组成的长句子，能读出问句的语气。

课前准备

学生预习课文，教师制作课件。

课时安排

两课时。第一课时，导入新课，见教学过程；第二课时，通过朗读课文继续学习感悟小姑娘纯真的想象世界，体会关心家人的美好情感。

教学过程

☑ 第一课时

一、图画导入，引出课文

（课件出示彩虹图片）

师：大家知道这是什么吗?

生：彩虹。

师：大家能用一个词或一句话描述一下彩虹吗?

生 1：一道彩虹。

生 2：一道美丽的彩虹。

生 3：这是一道美丽的彩虹。

（课件出示第 1 自然段）

师：雨停了，天上有一座美丽的桥。（老师引读）

师：课文中有"一座桥"，大家还能想到一座什么？

生：一座房子、一座山。

师："座"在这里是一个量词，我们还可以说一座城市、一座城堡。座位也是这个"座"。那坐下的"坐"大家认识吗？大家有什么好的方法区分这两个字吗？

生1：两人坐在土炕上就是"坐"。

生2："坐"加"广"就是座位的"座"。

师：通过读课文，大家知道这座美丽的桥指的是什么吗？

生：彩虹。

师：大家一起来读第 1 自然段，注意"了"读轻声，"美丽的桥"这个词语要连起来读。

【设计意图】通过让学生观察图片，认识彩虹，并用合适的词来描述彩虹，来引入第 1 自然段的学习，理解"这座美丽的桥"就是彩虹。同时认识生字"座"，掌握"座"的用法。

二、揭示课题，认读生字"虹"

师：今天，我们认识的新朋友就是彩虹。（板书：彩虹）

师："虹"这个字左边是虫，右边是工。那你们知道"虹"为什么是虫字旁吗？

师："虹"总是出现在雨后，古人就认为"虹"是一种能呼风唤雨的"大虫"。古文中就有"虹饮于河"的说法，意思是一条大虫悬挂于天空，弓着身子，头伸进黄河里喝水。所以，古人造字时，用"虫"作了偏旁。

【设计意图】以小故事的形式让学生形象地感受到"虹"这个字为什么左边是"虫"字旁，帮助学生加深印象。

三、预习检测，扫除字词障碍

1. 认读生字词

师：同学们，课前大家预习了课文，文中的这些词语你们认识吗？

（课件出示词语）彩虹　一座　浇花　洒水　提着　挑着　拿着　照镜子　秋千　裙子

师：请同学们先借助拼音自己读一读。

师：下面请同桌两人互相读一读，检查一下有没有读不准的字音。

师：我们以开火车的方式来读读这些词语。

2. 认识衣字旁

师：大家请看"裙"这个字，这个字的偏旁是衣字旁，你们还知道哪些衣字旁的字呢？

生1：裤、补。

生2：衬衫、袄。

师：你们发现这些字都有什么特点吗？

生：这些字大多与衣服有关。

师：同学们请看大屏幕，我们来识字闯关过彩虹桥吧！

（通过闯关来达到检测生词、巩固生词的目的）

3. 标画自然段

师：通过预习大家知道本文一共有几个自然段吗？

生：4个自然段。

师：互相检查一下，看看标的自然段是否准确。

【设计意图】借助拼音读课文，标画自然段，对低学段孩子来说还是极易做到的。虽然学生年龄小，但也应初步培养他们的自学能力。

四、初读课文，整体感知

（出示插图，文中的小姑娘"我"）

师：课文中的"我"看到这座美丽的彩虹桥，小脑袋里冒出了很多奇妙的想法，请同学们借助拼音读一读课文，把句子读通顺，遇到长的难读的句子要多读几遍。

（学生认真读课文）

师：看到同学们读得这么认真，老师也想读一读呢。大家要认真听，注意听老师读问句时的语气和停顿。

（老师读，学生听）

师：请同学们模仿老师的语气和停顿再读读课文，圈一圈"我"把这些奇妙的想法都跟谁说了。

生：爸爸、妈妈、哥哥。

师：谁愿意当文中的"我"来问一问呢？我抽三个学生分别朗读课文第2、3、4自然段，第1自然段集体朗读。

【设计意图】通过多层次、多种方式地读，让学生把课文读通、读懂。

五、精读课文，突破难点

1. 出示一个问句："爸爸，你那把浇花用的水壶呢？"

师（引读）：水壶，什么样的水壶？

生1：浇花用的水壶。

生2：你那把浇花用的水壶。

师：怎样读出问的语气？

（随机提问学生，并就读的情况进行点评，让学生明白"我"想要的是爸爸那把浇花用的水壶）

2. 出示第一个长句子："如果我提着它，走到桥上，把水洒下来，那不就是我在下雨吗？"

师：请同学们读读这个句子，并圈出写"我"的动作的词。

生：提着、走到、洒下来。

师：这些动作是谁做的？

生：文中的"我"。

师：我用其中一个动词来说一句话："我提着水壶。"像这样，你也能说一句话吗？

生1：我走到桥上。

生2： 我把水洒下来。

（同时板书这三句话）

师：请大家读一读这些句子。如果课文这样写，你们喜欢吗？为什么？

生：不喜欢，有点儿啰唆。

师（小结）：是呀，这三个动作都是一个人做的，"我"字只需句子开头说一次就行了。那我们就把它们变回一个长句子，读一读。

师：请大家再看这三句话，读一读。

（课件出示以下句子）

我拿着镜子。

我走到桥上。

我给你梳头。

师：谁能学着刚才的方法把它们改成一个长句子？

生：我拿着镜子，走到桥上，给你梳头。

师：下面看老师做动作，自己也模仿着说一个这样的句子。

生：老师推开门，抱着作业，走上讲台。

师："我"真的提着爸爸的那把水壶吗？你们是从哪个词知道的？

生：不是真的。我是从"如果"这个词知道的。

师（小结）："如果"一词表明这是"我"的想法，只是一种假设，不是真的在做。

3. 出示第二个长句子："你就不用挑水去浇田了，你高兴吗？"

师：谁来读读这个句子？（指名读）

师：跟老师读这两个词语：挑水、浇田。

（学生跟读）

师：我们来齐读这个句子。

（学生齐读）

师：多么懂事、体贴的孩子！假如此时爸爸就在你眼前，那该多开心啊！我们一起读读这个句子，问问爸爸高兴吗？（情境朗读，要读出疑问的语气）

师：下面把这个长句子放回一段话里，你们还能读好吗？（指名读，要读出体贴、懂事的味道）

4. 小结发现

师："我"的想法多奇妙呀，大家能借助下面的提示说说本课的主要内容吗？

（课件出示提示内容）

生："我"的想法多奇妙，提着（浇花用的水壶），走到（桥上去），（把水洒下来）这样爸爸就不用挑水浇田了。

【设计意图】本环节重点是读好长句子，用"小步子词语叠加"的方法，先读准词语，再读通每一个部分，最后把各个部分串联起来，读好长句子也就不难了。

六、观察生字，书写指导

（课件出示生字"到""那"）

师：同学们，请仔细观察这两个生字，你能说说怎样才能写好它们吗？

生1：第一，要看字的结构。

生2：第二，要看字的占位。

师：对，我们想写好汉字，除了以上两点，还要看每一个字的主笔。比如"到"这个字的第二笔"撇折"应该贴着横中线，"土"下面一横变成一提，立刀旁的竖钩起笔时要高于左半部分。"那"第一笔"横折钩"的折要写在竖中线上，右边的双耳旁要写得自然有笔锋。

师：请同学们伸出小手，和老师一起书写这两个字。

（老师一边指导，一边示范，学生跟随老师一起书写汉字）

师：下面请同学们自己先描红，然后再练写两个。写完后，在小组内互评，说一说彼此还有哪些需要改进的地方，按照同学的提醒再写一遍，看看自己的书写哪些地方有了进步。

【设计意图】一年级起步阶段，写字不在多，而贵在精，不但要让学生把字写正确，而且尽量把字写美观。

（课堂小结）

师：文中的"我"是个很会想象的小姑娘，她的奇思妙想还有很多很多，我们下节课接着交流。

《雷雨》教学案例

濮阳市实验小学　王红妍

教学分析

《雷雨》这篇课文用精练的文字为我们描绘了雷雨前、雷雨中、雷雨后的自然景象，突出了自然景观的美，抒发了作者对大自然的无比热爱之情。课文多呈现短句，易于表达情感，适宜通过朗读来表现。本文中要求认的生字较少，要求写的生字较多，但是有一定的规律，引导学生发现规律，巩固运用。

教学目标

1. 认识"压"等4个生字，会写"垂"等4个生字。
2. 正确、流利、有感情地朗读课文，能边读边想象。
3. 体会作者用词的准确。

教学重难点

1. 识字、写字、有感情地朗读课文。
2. 体会作者用词的准确。

课前准备

教师制作课件和生字卡片。

课时安排

一课时。

课时思路

本课运用多媒体组织课堂教学，如制作蜘蛛垂下来的动作变化画面，将抽象变为直观，感受作者用词的准确。创设生动、形象的课文情境，引导学生展开品词析句的学习语言活动，在强化语言能力训练的过程中，进行观察力、想象力、思维能力的训练，激发了学生的学习兴趣和主动学习的积极性，提高了课堂教学质量。

> 教学过程

一、谜语激趣，导入新课

师：同学们，老师知道大家都爱猜谜语，今天老师就给大家带来了一个谜语，看谁猜得又快又准。

（课件出示）有位老兄脾气大，爱发脾气就数他，发起怒来大声吼，成串泪珠伴着下。

生：雷雨。

师：是的，是雷雨。那么，今天我们就一起学习《雷雨》。（板书课题，齐读课题）

二、初读课文，整体感知

师：课前同学们都做了预习，课文一共有几个自然段？

生：一共有8个自然段。

师：同桌一人一段互相读课文。读得好，伸出大拇指夸夸他；读错了，请你帮帮他。开始吧！（生合作读课文）

师：下面我要检查课文的朗读情况，请你读第1、2、3自然段，其他同学认真听，谁听得最认真，老师奖励谁接着读。（指名读课文，随时正音，评价）

师：请听老师朗读课文，一边听一边想象画面。（生边看课文边听朗读）

师：孩子们，想象着雷雨前、雷雨中、雷雨后的景象，（出示图片）你们能把这几幅图按课文写的顺序重新摆一摆吗？

（指名一位学生上台摆一摆）

师：大家同意他的摆法吗？真棒！咱们这篇课文就是按照雷雨前、雷雨中、雷雨后的顺序来写的。

【设计意图】这一环节让学生边听朗读，边想象画面，调动学生的视觉、听觉器官，激发学生学习课文的浓厚兴趣，让学生整体感知课文内容。

三、品读雷雨，感悟变化

1. 学习雷雨前的景象

师：请同学们默读课文第1~3自然段，看看作者抓住了哪些事物来写雨前的景象。请用横线画出。（指名说画出的情况）

生：乌云、叶子、蝉、树枝、蜘蛛、闪电。

师：同学们真会读书，这些景物在雷雨前又是怎样的呢？（课件出示第1自然段）

师：满天的乌云，黑沉沉地压下来。（课件出示云图）看，这满天的乌云，黑沉沉地，马上要压到楼顶了，你们有什么感觉？

生：很害怕、很压抑。

师：带着你们的感受读读这句话，如果能带着自己的感受边读边做动作就更好了。

师：同时，读的过程中比较"一动不动""一声也不出"这样写的好处，用这样的句式练习说话。

师：如果老师这样说，树上的叶子不动，蝉不叫，你认为哪种说法好？（指名说）

生：书上的说法好，因为一动不动、一声也不出更能强调雷雨前的闷热！

师：你可真了不起！那教室里很安静，可以怎么说？

生：教室里真安静，一点儿声音也没有。

师：操场上很干净，可以怎么说？

生：操场上很干净，一片废纸也没有。

师：说得真好。同学们，雷雨前可闷热了，所以树上的叶子一动不动，蝉一声也不出。

师：我们来看第2自然段。（通过音频感受雷雨前风很大）

（师生合读"一只蜘蛛从网上垂下来，逃走了"）

师："垂下来"什么意思啊？

生：掉下来。

师：大家给它找了个近义词，很好。这两个词意思很相近，可是作者

为什么不说掉下来，而说垂下来呢？请看老师做的动作。（用粉笔做掉下来的动作，视频演示蜘蛛垂下来的动画）

师：同学们发现了什么？

生：蜘蛛垂下来的时候有丝连着。

师：同学们真会观察。这两个词语都有从上往下落的意思，但是垂下来的时候一头朝下，另一头还连着。在生活中你们还知道哪些情况下用垂下来吗？（出示柳树、高粱、小兔、小狗图片）

师：同学们现在知道课文为什么用"垂下来"了吧。你们看作者用词多准确呀！我们再把这句话读一读吧。

（读好雷雨前闪电和雷声的变化，练习用"越……越……"这样的句式说一说雷雨前景物的变化）

师：同学们，作者用"越来越……"这样的句式写出了闪电和雷声的变化，你们能用这样的句式说一说云和风的变化吗？同桌互相说说吧。

师：谁将说的情况给大家汇报一下？

生：乌云越来越低，天越来越黑，风越来越大。

师：闪电越来越亮，雷声越来越响。大雨马上下起来了。

【设计意图】让学生练习用"一动不动""一声也不出""越……越……"这样的句式说话，引领学生进行扎实有用的语用训练，同时，用动作演示蜘蛛垂下来的过程，通过这些直观的教学手段，让学生体会作者用词的准确。

2. 学习雷雨中的景象

（播放音频，通过音频感知雨越下越大）

师：听！这一切事物都在告诉我们一场大雨就要来了。

师：你能通过读让我们感受到雨越下越大吗？

（师范读，生练读）

（分组读出三个"哗"字读法的变化，让学生读出雨越下越大的情境）

（师范读第6自然段，让学生感受雷声、雨声都渐渐地变小了，朗读的时候声音也可以越来越小）

（师生合作朗读）

3. 学习雷雨后的景象

师：看，天亮起来了，打开窗户，清新的空气迎面扑来，多舒服呀！快读读最后一段，感受雨后大自然的变化吧。

师：通过阅读最后一段，大家都看到了什么景象？咱们一起说说吧。（边说边点课件）

师：仔细看一看，作者描写雨后这些景象的时候是按照什么顺序写的？

生1：从上到下。

生2：由远到近。

师：作者观察得真细致呀，我们再把这一段读一读吧。（配乐朗读最后一段）

【设计意图】有感情地朗读课文，是语言训练的教学目标之一。在指导朗读描写雷雨中的语言片段时，先让学生听音频，感受雨由大到小变化的过程；再指导学生读好"哗，哗，哗"的声音，"渐渐地，渐渐地"，表明雷雨由大到小，要读得稍慢一些。描写雷雨后雨过天晴时，让学生仔细看雨后初晴的画面，把画面中描绘的雨后美景找出来，体会写作顺序，在寻美的过程中，激发学生审美的情趣和有感情地朗读课文的欲望。

四、游戏引路，巩固生字

师：下面我们玩字卡游戏，通过游戏巩固生字。

（同桌两人玩字卡游戏，互相帮助，学习生字）

（师生一起玩游戏，在玩游戏过程中了解学生生字的掌握情况）

【设计意图】本课生字较少，且在学习课文的过程中通过随文识字的方法已经掌握，此环节让学生通过玩字卡，互相学习，互相帮助，更好地巩固所学生字。

五、梳理规律，写好生字

1. 指导学写"压"字

师：生字都认识了，接下来我们就看看怎样把它们写好吧！先看"压"

这个字，是什么框？

生：厂字框。

师：对，（边说边画）厂字框表示山崖，这两横表示山崖上落下的泥土，这一点就好比是山崖上掉下来的石头被泥土埋住了。

师：我们写这个字的时候一定不要忘记这一点哟。

2. 指导书写"垂"字

师：请同学们看"垂"字，有几部分组成？

生：三部分。

师：对，由三部分组成。老师这儿有个儿歌，可以帮你识记它：千字加草头，二字倒着走。

师：下面请看老师写这个字，注意横画之间的距离，要写得匀称。

3. 指导书写"乱"和"虹"字

师：写这两个字的时候要先观察字形、找出规律。

师（小结）：左右结构的字不仅要注意它们的宽窄，还要注意它们的高低，这样才能把这类字写漂亮。

4. 复习上面学的四个字

每个学生先练写生字一遍，然后让四位学生在黑板上写这四个字。写完后评价这四个字哪里写得好，哪里写得不好，老师做指导。让学生再把这四个字在田字格里写一遍，争取一次比一次写得好。

【设计意图】新课程标准提出每节课要保证学生有充足的写字时间，低学段教学写字是重点，这一环节主要是把本课要求写的生字归类，让学生观察并梳理写字规律，提炼出写字方法，练习书写，提高书写质量，提升书写技能。

师(小结)：同学们的字写得很好，看来大家都有一双善于发现的眼睛，希望大家用这双眼睛去观察大自然，你们一定会得到更多乐趣，发现更多秘密。

《比尾巴》教学案例

濮阳市实验小学　杨文娟

教学目标

1．认识"比"等11个生字和提手旁、八字头2个偏旁；会写"长"等生字的笔画。

2．正确朗读课文，读好问句语气。背诵课文。

3．结合插图和生活经验，知道课文写了哪几种动物，了解它们尾巴的特点。

4．模仿课文一问一答的形式做问答游戏，积累语言。

教学重难点

1．认识、会写本课要求会认、会写的生字。

2．读好问句的语气。

课时安排

两课时。第一课时，导入新课，见教学过程；第二课时，在老师的引导下复习课文内容。

教学过程

☑ 第一课时

一、导入新课

（听记训练：你追我赶，热火朝天）

师：刚刚我们听记的词语都和比赛有关。今天，动物王国要举办一场特殊的比赛。它们在比什么呢？对，我们今天学习第6课《比尾巴》（一边说，一边板书课题：6　比尾巴）。

师：仔细看"巴"的拼音跟另外两个字有什么不同。

生：没有声调。

师："对，"巴"要读得又轻又短。跟老师一起读。

生：比尾巴。（学生齐读）

二、字词检测，预习反馈

1. 识记词语

（1）出示词语（加拼音）。

师：昨天已经让大家预习了本课，下面老师要检查一下你们预习的情况。

（课件出示词语）尾巴　谁的　长短　兔子　好像　公鸡　最好看　一把伞

（词语的掌握需要强化记忆，课堂上通过借助拼音自由读、同桌互读、全班大声齐读三个过程来识记）

（2）出示词语（无拼音）。

师：去掉拼音，大家还能认出它们吗？下面我请一位小老师领读。（随机选一名学生领读）

师：（领读结束后，自由练习）大家自由练读两遍。

师：你来读读看（随机抽查一名学生并相机指导）。

2. 识记生字

（课上给每组分发课前准备的生字条）

师：生字条已发给大家，小组长带领成员齐读，读完之后我会选两个小组来PK。

师：哪两个小组来PK？（选择两个小组比赛，通过比赛激发大家的识记热情）

师：我们再来玩一个开火车的游戏，三人小组开火车，看看你们开的是慢车还是快车。（选择3~4组接力读生字，检测大家的识记情况）

3. 认识新偏旁

师：今天的生字里有两个新偏旁，大家是否注意到了？

生：提手旁、八字头。

师：提手旁出现在哪个生字里？怎么记住它呢？我找一名学生说一说。

生：提手旁出现在"把"字里。我用加一加的方法记住"把"，"扌"

+"巴"就变成了"把"。

师：提手旁一般表示和动作有关。你们还见过哪些有提手旁的字？

生：打、抱、拉、指。

师：大家想一想八字头出现在哪些我们学过的字里面？

生：公。

师：对，那八字头有一个好兄弟——人字头，它俩有什么区别呢？

生：八字头两笔不挨着，而人字头两笔挨着了。

4. 认识反义词

师：文中藏了一对反义词，你们知道是什么吗？

生：长—短。

师：反义词就是意思相反的词，你们知道哪些反义词？

生：高和低、黑和白……

5. 图片识字

师：大家学得很认真，老师给大家带来了一幅有意思的图片，大家看看是什么？（先出示图片，再出示生字）

师：这是什么字？

生：伞。

【设计意图】对于低年级学生，识字写字是最主要的学习任务之一。通过课前预习检查与反馈，教师能更准确地掌握学情。在进行生字词部分的学习时，由带拼音到去掉拼音，由词到字，难度递增，符合认知规律。

三、整体感知，读好课文

1. 认识小节，并正确标出

师：（出示全诗）这是一首小诗，由一个个的小节组成。两个小节之间有明显的空行。

师：这首小诗有几个小节？

生：4个。

师：（出示小节序号）请大家像这样，在每个小节前面标上序号。

2. 初读课文，读正确、读流利

师：首先请大家听老师读。（老师范读）

师：请大家自由读两遍这首小诗，注意读准字音，读通句子。尤其是我们刚认识的那些生字，一定要读准确（老师出示用方框框出的生字）。请大家也像老师一样，把这些字用方框或圆圈圈起来。

师：刚才，大家读得都很认真，下面和同桌互读比比看。对方读得好，你就夸夸他；读得不好，你就帮帮他。开始！

师：谁想读给大家听？（指名读。主要是读准字音，读通句子。学生读的时候可能会出现单字蹦、不连贯的情况，对此可相机指导）

师：我们师生合作，大声读。（在读的过程中要注意读课题，还要注意小节与小节之间的停顿）

3. 再读课文，读好问句

（课件出示）谁的尾巴好像一把伞？

师：同学们，这个像耳朵一样的标点符号叫什么？

生：问号。

师：问号代表这是一个问句，要读出疑问的感觉，最后一个字要上扬。请同学们听老师读。

（老师读完之后，请学生自己读）

师：大家都读完了吧？谁来给大家做示范？

（课件出示）松鼠的尾巴 / 好像 / 一把伞。

师：这个句子有点长，一口气读完太累了。我们得把它分开读，请大家认真听老师读。

（老师示范读后，请学生自己读）

师：刚才大家都读过了，下面谁想读一下？（指名读，相机指导）

【设计意图】本文整体朗诵基调是轻松愉悦的。教师引导学生有层次地读，首先做到不添字、不漏字、不错字、不颠倒，把课文读正确。在此基础上，再把课文重点语句读好，把握语气。

四、再读背诵，拓展迁移

1. 标画课文所写动物

师：森林里来了哪些参赛选手呢？请大家读课文并用横线标出，小组内互换对照屏幕检查。

【设计意图】结合插图和生活经验，知道课文写了哪几种动物，了解它们的尾巴特点。

2. 多种方式熟读成诵，在读中了解各种动物尾巴的特点

师：下面，我请一位男同学问和一位女同学答这样的方式读整篇课文。

（回答完成之后，课件出示图片，要求学生按照图片提示背诵）

师：请大家根据图片提示尝试背诵课文内容。

（接下来，课件出示填空背诵内容，根据填空提示背诵）

师：请大家根据课件出示的填空提示背诵。

师：上面咱们进行了交替回答读课文、图片提示背课文、填空提示背课文三项，相信大家都能背诵课文了，请大家试着背一背吧！

【设计意图】此前学生已进行了多次朗读，经过逐步推进，渐渐达到熟读成诵。在此过程中可给学生以"扶手"，把握好梯度，层层推进。

3. 模仿课文一问一答的形式做问答游戏，积累并拓展语言

师：同学们，又到了愉快的游戏时间，现在我们开始做一问一答的游戏。

（通过问答形式完成课后问答习题）

（出示森林动物图片，通过问答帮助学生积累语言）

师：谁的屁股最红？（生答）

师：谁的鼻子最长？（生答）

…………

【设计意图】一年级的学生非常喜欢小动物，对于千奇百怪的动物尾巴更是兴趣浓厚。由动物尾巴入手，不断引导学生观察身边事物，迁移运用本课学到的问答形式，对语言积累与运用、思维的发散都是非常好的拓展延伸。

五、学习写字

师：刚才，我们认识了生字，读好了课文。有两个生字不认识回家的路了，想让我们把它们送回家。它们是谁呢？（课件出示"长""把"）

1. 认识"长"字

师：今天我们要学习一个新的笔画——竖提，要与兄弟竖钩进行区别，注意向右是竖提，向左是竖钩。

师：跟老师一起，描红一个写一个。

2. 认识"把"字

师：同学们，"把"是什么结构？

生：左右结构。

师：写时注意左窄右宽，左高右低，左右两部分要紧凑。"巴"要写得略小一些，横折起笔略高于提手旁的横，竖弯钩从竖中线起笔。

师：跟老师一起，描红一个写一个。

3. 选一名学生进行课本展评

师：这名同学写得怎么样？请小书法家们来评价评价。

生1："竖提中的竖写得很直，钩的方向也是正确的。

生2："把"写得很紧凑，做到了左窄右宽，起笔位置也很准确。

师：检查自己所写的生字，请大家吸取优点，改正不足，再练写一个。

【设计意图】在出现新的笔画时，要引导学生与已知相似笔画进行对比区分，训练学生自主观察能力，帮助学生努力把字写好。

《黄山奇石》教学案例

濮阳市实验小学　李桂荣

教学目标

1. 学会生字新词，能正确、流利、有感情地朗读课文。
2. 理解课文内容，观察图画，了解黄山奇石的神奇、有趣。
3. 通过看图学习表达，培养观察力、想象力和口语表达能力，训练创造性思维。
4. 激发学生喜爱黄山、热爱祖国大好河山的情感。

教学重难点

重点是第2~5自然段，每段从名字、样子、位置三方面介绍了奇石。采取的对策是以读为主，以说代析，让学生在"读"中学习语言，学会表达。

难点是第6自然段未做详细介绍的三块奇石，以及叫不出名字的奇形怪状的奇石。运用现代信息技术手段辅助教学，再现黄山神奇有趣的岩石和优美风光。

课时安排

两课时。第一课时，在老师的引导下初步感知课文；第二课时，见教学过程。

教学过程

☑ 第二课时

一、创设情境，导入新课

师：同学们，闻名中外的黄山风景区，在我国安徽省的南部，那里的景色秀丽神奇，尤其是形状各异的怪石，有趣极了！同学们想看到这神奇有趣的黄山吗？

生：想！

师：现在就有一个好机会。老师接到了黄山风景旅游区的一封信，请同学们一起看看。谁来读一读写的是什么？

启　事

为了迎接黄山旅游月活动，黄山风景旅游区招收小导游40名，年龄在6~12岁的小学生均可报名，欢迎同学们在暑假里到黄山当小导游。

黄山风景旅游区
2021年5月

【设计意图】把学生代入创设的情境中，激发认知兴趣。

师：同学们，想利用暑假时间去奇妙的黄山做小导游吗？

生：想！

师：要成为一名合格的小导游，首先要经过培训，《黄山奇石》就是一篇很好的导游词，今天，这节课我们就以《黄山奇石》为例，举办小导游培训班，好吗？

【设计意图】小导游培训班仅仅是一种手段，在于引导学生积极投入到学习活动中，通过新颖的形式，调动学生学习积极性，使学生主动学习，主动阅读。

二、检测巩固生字词语

师：上节课我们初读了课文，学习了生字词语，现在检测对字词的掌握情况。

师：请同学们看大屏幕上的生字，读准字音，再组词语。老师请坐姿最端正的一列同学开火车读。

（两个小组开火车读）

师：现在检测词语掌握情况。谁愿意当小老师，领大家读？

（两名学生当小老师）

师：同学们都读得正确。真棒！

【设计意图】新颖多样的读词语形式能调动学生读的积极性，而且具有很强的鼓励性，使学生想读、爱读。

三、读透文本，感悟语言

师：思考一下，课文主要向我们介绍了哪几块奇石呢？

生："仙桃石""猴子观海""仙人指路""金鸡叫天都"。

师：请看屏幕，这就是课文主要介绍的四块神奇有趣的岩石。

【设计意图】多媒体演示，使学生直观、形象地感受到四块奇石的有趣、神奇。真实画面的展现，使学生身临其境地感受到黄山奇石的神奇有趣。

师：课文的第 2~5 自然段详细介绍了这几块神奇有趣的岩石。究竟怎样有趣呢，请同学们美美地读一读吧。

（学生读课文）

师：那些有趣的怪石是什么样的呢？先来看"仙桃石"，谁读这一自然段？这么多同学都想读，我们一起来读吧。

（师生共读课文）

师："仙桃石"真有趣啊！远处群山朦朦胧胧，云雾缭绕，好像仙境一般，而且这块巨石非常像一个大桃子，所以叫作"仙桃石"。

师：谁想读"猴子观海"这一自然段？（指名读）请大家认真倾听他读得怎么样？

（引导学生从正确流利、声音、语气、有趣等方面进行评价）

师：谁还想读？

（指名读。其他学生边听边想象猴子观海时有趣的样子）

师："猴子观海"很有趣！"仙人指路"就更有趣了！请同学们一起读一读吧。

师：你们的朗读让我感到"仙人指路"真是有趣极了！老师也忍不住要加入朗读行列了，同学们可以闭上眼睛美美地想象。

师：请自由读读"金鸡叫天都"这段吧。看看谁读得最好呢。

【设计意图】不同形式的朗读使学生都处于读书活动中。学生想读、乐读，在读中整体感知，在读中培养语感，在读中理解语言、感悟语言，读书、观察、想象紧密结合，读有所思，读有所得。

师：黄山上奇形怪状的岩石，有的像栩栩如生的人物，有的像活泼可爱的小动物，形状各异，姿态万千，一个比一个有趣，同学们想不想把如此有趣的奇石讲给别人听呢？

四、评价鉴赏，内化语言

师：请你选择自己喜欢的一两块奇石，自己先练习说，然后我会随机请一名同学给大家讲述他喜欢的奇石及原因。

师：你准备向大家介绍哪一块奇石呢？

生：我准备向大家介绍"仙桃石"……

师：听了他的介绍，你知道了什么呢？

生1：我知道了"仙桃石"的样子好像是从天上飞下来的一个大桃子。

生2：我还知道它落在了山顶的石盘上。

师：谁还想介绍哪一块奇石？

生：我想介绍"猴子观海"……

师：听了他的介绍，你知道了或了解到了什么？

生1：我知道了这块石头的名字叫"猴子观海"，我还知道这块奇石在一座陡峭的山峰上。

生2：我了解到它的样子是两只胳膊抱着腿，一动不动地蹲在山头，望着翻滚的云海。

师：你还想向大家介绍哪一块奇石呢？

生：我想向大家介绍"仙人指路"……

师：还有一块奇特的岩石，等着你们向大家介绍呢，谁来给大家介绍？

（学生纷纷举手，指名介绍）

师（小结）：听了同学们的介绍，我感到黄山的奇石真是一个比一个有趣呀！

【设计意图】学生在熟读的基础上用自己的口气表述课文内容，感悟理解了语言，又丰富了语言，积累了语言，还锻炼了语言表达能力。同时，多媒体手段冲击着视觉感官，能引起学生的注意，强化了思维、记忆与表达，突破了重难点。

五、拓展延伸

1. 模拟导游

师：请同学们以小导游的身份把四块奇石介绍给游客，看谁是一个优秀的小导游。自己先练习说一说，接下来我会抽查练习说的情况。

（指名说。教师指导学生以自己的口气说，可以适当补充一两句）

师（小结）：为你们点赞！同学们绘声绘色的介绍，令人感到这不起眼的石头真是太神奇了啊！

【设计意图】表演是练说课文内容的手段，是对文本的拓展延伸，既使学生内化了课文语言，又培养了口语交际能力。

2. 仿说怪石

师：同学们，课文除了详细介绍这四块奇石，还提到了哪些奇石呢？

生："天狗望月""狮子抢球"。

师：大家看（出示图片），这就是"天狗望月"，这是"狮子抢球"。请同学们模仿着刚才介绍奇石的方法，说说它的位置、样子、名字等。自己先练习说。然后同桌之间再相互练习。最后，老师指名请同学说。

师：同学们的想象力非常丰富！

【设计意图】此环节的设计利用了学法迁移，通过略写详说、运用学法不仅训练了学生的语言表达，而且还培养了观察力、想象力。

3. 想象奇石

师：黄山上奇形怪状的岩石独特而有趣，还有许多叫不出名字的岩石，这里就有几块奇石、怪石（课件展示图片）。远远看去，有的像人，有的像动物，有的像飞禽，有的像走兽。请选择一块奇石起个名字，并说说它在哪儿，是什么样子等，发挥想象力，向大家介绍一下吧。

（先自己练习，再给同桌说，指名说）

生1：我觉得那块石头像一个古人……

生2：我觉得那块石头像一只青蛙……

师（小结）：同学们的想象力真丰富，语言表达很流畅，不仅使大家感受到了这里的怪石千真万确是黄山一大奇观，而且还对咱们优秀的小导游留下了深刻印象。

【设计意图】此环节的设计训练了创造性思维，是仿说的延伸，既培养了学生的观察力，又培养了学生的想象力和语言表达能力。小组内合作学习，每个学生得到锻炼的同时，还学会了沟通交流。

六、总结全文，升华情感

师：黄山秀丽神奇，真是名不虚传啊！那里不仅有奇形怪状的岩石，而且有飞瀑而下的泉水，翻滚的云海，千年的怪松，请同学们欣赏黄山奇丽的风光。

（课件出示图片）

师：同学们经过培训，我认为你们可以到黄山当小导游了！当然，要成为一名优秀的黄山小导游，还要对黄山有更多了解，多阅读相关资料，亲自去体验，那里还有很多奥秘等着你们去探索发现呢。

【设计意图】设计此环节的目的在于拓展学生视野，了解黄山的神奇、有趣和秀丽，激发热爱黄山、热爱祖国大好河山的深厚情感。

第二节　中年级教学案例

《花钟》教学案例

濮阳市实验小学　闫昱臻

教学分析

《花钟》是统编教材三年级下册第四单元中的一篇课文。本单元围绕"观察与发现"这个主题编排了两篇精读课文《花钟》《蜜蜂》，一篇略读课文《小虾》。每单元的导语页上新增了语文要素，对该单元的学习重点有了更强的指向性。该单元的语文要素有两个：一是"借助关键语句概括一段话的大意"，二是"观察事物变化，把实验过程写清楚"。因此，教学目标的设计要围绕这两点展开。

课文按照"现象—原因—应用"的思路，说明不同的花会在不同的时间开放及其原因。在讲到不同的花开放的时间是不同的，作者列举了九种鲜花的开放，并通过不同的语言来表达，充分彰显语言的魅力。因此，要反复地朗读，积累生动优美的句子，为以后的写作运用做铺垫，同时也完成了课后练习的要求。在读懂会写，实现语文工具性之外，还要体现语文的人文性，激发学生观察事物的兴趣，引导他们通过观察思考，一步步地实验探究来求得真相。

教学目标

1. 熟读课文，达到准确、流利、有感情。背诵第1自然段。
2. 认识"怒""暮"等9个生字，准确书写"寿""建"等13个生字词。

理解个别词语的意思。

3. 抓住关键语句，运用删除、替换或组合的方法，概括段意。

4. 学习作者用不同的说法表达鲜花的开放，并仿照写两三种自己喜欢的花。

教学重难点

重点是读懂课文内容，理解为什么不同植物开花的时间是不同的；并学会找到段落中的关键提示句，通过删减或修改的方法来概括段落大意。

难点为感受作者语言表达的准确性与多样化，学习运用不同的说法表达同一个意思。

课前准备

制作多媒体课件和字条板书。

课时安排

两课时。第一课时，在老师的引导下预习课文，完成生字词的认识，理解什么叫"花钟"；第二课时，见教学过程。

教学过程

☑ 第二课时

一、图片导入

1. 欣赏不同于书上花朵的图片

师：生活中并不缺少美，而是缺少发现美的眼睛，今天老师就给大家带来了一组视觉上的享受，看看你们都见过它们吗？

（图片展示郁金香、茉莉花、鸡冠花、熊童子……）

2. 学生用积累的四字词语描述看到的鲜花

师：看到这些美丽的花儿，你们想用哪些词语来描述呢？

生：五彩缤纷、香气扑鼻、争奇斗艳、芬芳迷人……

3. 回顾什么是"花钟"

师：上一节课，我们学习了什么是"花钟"，你们还记得吗？

生：把不同时间开放的花种在一起，把花圃修建得像钟面一样，组成花的"时钟",就是"花钟"。

【设计意图】利用优美的图片,认识各种鲜花,带来美的欣赏,活跃课堂氛围。回忆什么是"花钟"并顺势导入新课。

二、朗读、背诵第 1 自然段

1. 找出花名

师:打开课本,默读第 1 自然段,并用方框标出花名。

师:大家一起来说,我来把花名贴在黑板上。

生:牵牛花、蔷薇、睡莲、午时花、万寿菊、茉莉花、月光花、夜来香、昙花。

(教师依次将花名贴在黑板上)

师:你们认识它们吗?一起来看看吧。

(出示文中花的图片)

师:你们看"牵牛花"的形状像一个小喇叭呢。

师:你们知道"睡莲"为什么叫这个名字吗?

生:花朵像是躺在水面上,好像睡着了的样子。

师:"昙花"是在夜间才开放的,而且只有很短的时间,所以有一个词语叫作昙花一现,来形容很美好又转瞬即逝的事物。

【设计意图】通过欣赏花的图片,让学生对有些不熟悉的花有一个初步印象,为后面准确体会表达手法做铺垫。

2. 横线画出花开放的时间

师:现在,请同学们用横线画出表示花朵开放时间的词语。

师:谁来把花开的时间词语贴到相应的位置?其他同学看着课本说句子,来给他提示吧。

(指名学生上台活动,其他学生朗读对应的句子)

师:我们一起来读一读吧。我来读时间,大家把句子补充完整。

(师生对读)

3. 用重点符号标出描写花开放的词语

师:我们再来默读第 1 自然段,用三角符号标出描写花开放的词语吧。

师：谁来将这些词语贴在黑板上呢？

（指名学生贴上花开的动作词，其他学生读句子给提示：凌晨四点，牵牛花……）

师：现在我们来看着板书提示，男生、女生一起来对读吧，可以边读边加上你们认为的动作哦。

（男生读时间和花名，女生读花开放的句子）

师：一分钟挑战背诵第1自然段，你们敢吗？大家试着背背看。

4. 交流背诵时有困难的地方，齐背、指名背

师：你们觉得在背诵时哪里不太好背呢？

生："月光花在七点左右舒展开自己的花瓣"这一句不太好背，前面都是先说时间，再说什么花。这一句是先说花名，再说什么时间开。

【设计意图】这一环节的设计主要是通过摘取花名、开放时间及开放的情景这些信息，来引导学生充分地朗读文本。共进行了默读、提示句子读、师生对读、男女对读、齐读等不同形式将近十遍的朗读，其目的就是让学生在不知不觉、轻轻松松中完成第1自然段的背诵。第1自然段最大的语言特色就是在描写花朵开放时，用了不同的表达方法，要让学生感悟到丰富而有变化的表达，只有通过读。《语文课程标准》也指出："阅读教学应注重培养学生感受、理解、欣赏和评价的能力。"先引导学生充分地朗读，与文本对话，让其初步感受这一段的语言好在哪里，为后面教学打下基础。

三、学习概括段落大意

师：大家会背诵了第1自然段，那这一自然段主要讲了什么呢？谁能找到关键句说一说呢？

生1：鲜花朵朵，争奇斗艳，芬芳迷人。

生2：要是我们留心观察，就会发现，一天之内，不同的花开放的时间是不同的。

师：哪一句是本段的主要意思呢？三人小组讨论讨论吧。

生1：本段并不是主要说花朵有多么美丽，多么争奇斗艳，这句话只是为了引出下文的花朵。

生2：主要是说什么花是在什么时间开放的。

师：所以，我们通过把关键句删减的方法概括本段大意为："一天之内，不同的花开放的时间是不同的。"

师：那请大家默读第2自然段，想一想，哪句关键句可以来概括段意呢？

生1：不同的植物为什么开花的时间不同呢？

生2：有的植物开花的时间与温度、湿度、光照有着密切的关系。

生3：还有的植物开花的时间往往跟昆虫活动的时间相吻合。

师：其实我们说的温度、湿度、光照和昆虫活动时间都是影响花开时间的——

生：原因。

师：那第一句问句我们应该怎么来换种说法概括段意呢？

生：不同的植物开花时间不同的原因。

师：对！问句是不可用来概括段意的。

（总结概括段意的方法：读—想—找—改）

【设计意图】"授之以鱼，不如授之以渔。"在此环节并没有直接告诉学生如何来概括段意，而是通过多种预设，让学生通过小组合作、自主学习一步步找到句子，得出结论，学会方法。

四、体会描写花开放的不同表达方法

师：这道课后练习题，大家能来填一填吗？

（出示课后填空练习题）

（学生齐说填空内容）

师：大家看，如果这样写好吗？

凌晨四点，牵牛花开了；五点左右，艳丽的蔷薇开了；七点，睡莲开了；中午十二点左右，午时花开了；下午三点，万寿菊开了；傍晚六点，烟草花开了；月光花在七点左右开了；夜来香在晚上八点开了；昙花在晚上九点左右开了……

生1：读起来太单一，枯燥乏味，没有变化。

生2：句子不优美，不能体现出"花钟"的神奇。

师：那书上的句子好在哪儿，能不能结合其中一种花来说说？

生1：牵牛花的形状就像一个小喇叭，还是吹起了的，句子读起来很有趣。

生2：睡莲的名字采用了拟人的修辞手法，形象地写出了睡莲的开放。

师：那我能不能说万寿菊吹起了小喇叭呢？

生：不能，因为万寿菊的花朵形状不像小喇叭。

师：所以，我们在运用比喻、拟人的修辞手法时，要恰当准确地运用。

师：我们再次一起读一读，感受文字语言的魅力吧。

【设计意图】课件出示重点句子，引导学生体会不同句式的表达效果，增强学生语言的敏感性，加强学生对语言文字的把控能力。

五、拓展延伸

师：大自然中还有很多美丽的花朵呢，你能仿照文中语言来写一写自己喜欢的花吗？

（学生交流分享）

【设计意图】整节课，带领学生在读中理解，读中感悟，读中体会，读中悟法，最后水到渠成走向积累与运用。

《搭船的鸟》教学案例

濮阳市实验小学　石瑞娟

教学分析

《搭船的鸟》是统编教材三年级上册第五单元的第一篇课文。文章写了"我"乘船去乡下外祖父家的途中观察到一只搭船的翠鸟。通过本课的学习，体会作者如何对翠鸟的外形和捕鱼的动作进行细致的观察，引导学生要有一双会观察的眼睛去发现大自然的美。

教学目标

1. 正确认读"父""鹦"等5个生字，会写"搭""亲"等13个生字。
2. 正确、流利、有感情地朗读课文。
3. 学习作者留心观察周围事物，抓住特征写小动物的写法，并能尝试写作。

教学重难点

感受人与动物和谐共处的美好境界，培养学生亲近自然的美好情感。

课前准备

多媒体课件、关于鹦鹉特写的短视频。

课时安排

两课时。第一、二课时见教学过程。

教学思路

本课为精读课文，也是本单元的第一篇课文。学生通过学习作者对翠鸟的外形和捕鱼动作的观察，体会作者是怎样留心观察周围事物的。仔细观察后，能把观察所得写下来。

教学过程

☑ 第一课时

一、激趣导入，课题质疑

师：同学们，今天我们来学习第15课《搭船的鸟》。这是一只怎样的小鸟呢？让我们一起走进课文。（教师板书课题，学生书空）

师：请同学们观察这个"搭"字，这是本课要求会写的生字，左右结构，左窄右宽，请同学们在练习本上写三遍。

（学生观察书写）

师：读完课题，你们有什么疑问吗？

生1：是什么鸟要搭船？

生2：这只鸟是什么样子的？

生3：这只鸟为什么要搭船？

师：大家有这么多问题想知道啊！咱们打开课本，在文中寻找答案吧！

【设计意图】课题中的"搭"字是本课要求会写的生字，通过随文识字，在语境中学习生字"搭"字，可提高识字效果。通过对课题的质疑，激发学生的学习兴趣，培养问题意识。

二、初读课文，学习生字

师：请同学们自由读课文，边读边标自然段，注意读准字音，读通句子，读不好的请多读几遍。

（学生自由读课文）

师：请同学们听老师读课文，边听边想，文章讲了一件什么事？一会儿请同学来展示读课文。

（学生认真读课文）

师：我请几名同学来分段朗读课文，谁来？

（指名学生读课文）

师：课文读得不错，生字学得怎么样呢？

（出示生字，学生自由练读）

师：请小组长组织，组内互读生字并交流识字方法。

师：大家交流得很好，来，我们一起读。

（师生齐读生字）

师：很好，把生字放在句子中，还能读好吗？

（课件出示带有生字的句子，指名读）

师：出个字谜大家来猜猜。

（课件出示字谜）

水太少。（　　）

一口吃掉天。（　　）

口角当在此间生。（　　）

东边游鹅，西边叫。（　　）

【设计意图】通过猜字谜的方式识字，是学生喜爱的一种识字方法。这样不仅能调动学生识字的积极性和主动性，而且也能提高学生的识字效率。

师：和小组员开火车读读识字吧，会的同学教一教、帮一帮，不会的同学认真学哟！

（组员互帮互助识字）

师：大家学习的劲头儿真大啊，请细致观察这些生字，它们都有什么特点？谁来做今天的小老师？

（课件出示生字，指名学生回答问题）

生1：左右结构的字有8个，搭、嘴、捕、沙、悄、响、哦、羽，除了"羽"字，其余都是左窄右宽。

生2：上下结构的字有3个，亲、翠、吞，其中"翠"字写时要注意"羽"略扁，没有钩，下部扁，竖画要笔直有力。

【设计意图】通过归类识字，这样使得学生在短时间内认识多个生字，了解汉字的不同构字方法，不仅能提高学生的识字效果还能扩大识记的范围，学生也更容易记住。

师：小老师提醒得好，"羽"作为单个字出现和作为偏旁出现的写法是不一样的。把这些生字写到你的练习本上吧。

（学生练写，教师巡视指导）

【设计意图】无论是精读课文还是略读课文，认识生字、理解新词都是学习文章的基础。三年级学生虽然已经具备自学能力，教师的检查指导仍有必要。对于易错字，依然需教师加以强调。读熟课文又是感悟作者情感的基础，对于篇幅较长的课文，检查时不必面面俱到，一个重点段就可以达到管中窥豹之目的。

☑ 第二课时

一、复习旧知，导入新知

师：同学们，上节课我们学习了生字，现在请大家拿出听写纸，准备听写生字。

（老师读，学生写）

师：大家掌握得如何，先在小组内对改生字吧。

（组内对改，纠错）

师：生字写得不错。下面我们来回顾课文大意，谁来说一说？（指名学生回答）

（课件出示）课文主要写了"我"乘船去 _____，途中观察到了 _____。

师：厉害。概括得真好！

师：课文主要写了"我"乘船去乡下外祖父家，途中观察到了一只搭船捕鱼的翠鸟。那这只鸟搭上了一位小朋友的船，它要干什么呢？这位小朋友心里怎么想的呢？让我们快去看一看吧！

【设计意图】理清文章层次、概括课文内容是中年级学生学习语文的基本能力，有了整体把握，才能更好地抓住重点语段体会作者的细致观察和动人描写。

二、细读课文，深入品味

师：请再次自由读课文，边读边想，搭船的鸟是什么鸟？给你留下了怎样的印象？你是从文中哪些地方感受到的？请画出相关的语句和段落。

（学生读课文）

师：请同桌两人交流你们的学习收获。（两人小组合作学习）

师：谁能告诉老师，搭船的鸟是一只什么样的鸟？

生：翠鸟。

师：谁来说说翠鸟给你留下了怎样的印象？我们一起分享一下读书的收获吧。

（课件出示第2自然段）

师：谁来读读这段话？（指名读）这段话哪里让你感受到翠鸟的样子美丽呢？（指名答）

（课件凸显出"红色、翠绿、蓝色、漂亮、彩色、美丽"等词语）

师：我们来欣赏几张翠鸟的图片，看能用课文中的哪些句子来描述。

（课件出示翠鸟的图片）

师：谁能把句子读出来？（指名读）

师：不错，我们来齐读这些句子。（学生齐读）

师：当你看到这么美丽的一只小鸟站在船头，会产生怎样的想法呢？文中的小朋友又是怎样想的呢？谁来读？

（指名读第3自然段，教师相机指导朗读）

师：这只美丽的翠鸟还给你留下了怎样的印象？

生：动作快。

（课件出示第4自然段，指名读第4自然段）

师：谁能找出表示翠鸟捕鱼动作快的词语，注意想象翠鸟捕鱼的情景。

（课件凸显出"一下子、没一会儿、冲、吞"等词语）

师：我们一起来读读第4自然段。

【设计意图】抓住重点语段感悟作者留心观察周围事物是本节课学习的重点，教师要在学生评价鉴赏的过程中做好细致的引导，比如翠鸟的外形特征和捕鱼的动作，把这细致的观察通过朗读表达出来，就真的进入了学生心中。

三、总结写法，积累运用

师：作者在描写翠鸟时，从它的颜色和动作两个方面来写，这就是抓住特征来写动物。如何抓住动物的特征来写呢？我们可以从动物的外形特点、动作特征、生活习性等方面进行描写。第一抓外形特点，如毛发的颜色、眼睛、耳朵、嘴巴的样子。不用每一个都写到，抓主要特征就行。第二抓动作特征，比如，猴子总爱抓耳挠腮，跳来跳去；鸭子走路总是左右摇摆的。第三还可以写生活习性，如老鼠习惯夜间活动，狗有灵敏的嗅觉和听觉，兔子有非凡的奔跑能力，等等。

师：（播放视频）请大家仔细观察视频中的鹦鹉，抓住它的特征说一说。

（学生观察后小组交流，教师巡视指导）

师：我们来交流一下大家观察的成果，谁来和大家分享？

生1：这只鹦鹉羽毛颜色鲜艳，红黄蓝相间，好看极了。

生2：这只鹦鹉的身长大约有20厘米，属于鹦鹉中较小的体型了。

生3：它有厉害的趾，两趾向前，两趾向后，站在树上，应该很擅长抓握，它的喙强劲有力，可以撬开坚硬的干果。

师：大家观察得很细致，能抓住鹦鹉的特征进行口头作文，真了不起。

【设计意图】这样一个小练笔的目的是让学生通过观察鹦鹉的外形和动作，把观察到的内容写下来。通过观察，引导学生发现大自然的美。

《荷花》教学案例

濮阳市实验小学　石瑞娟

教学分析

《荷花》是统编教材三年级下册第一单元的第三篇课文。本文的作者是叶圣陶先生，写的是"我"清晨到公园的所看所想。通过本课的学习体会这一池荷花是"一大幅活的画"，边读边想象画面。

教学目标

1. 读准多音字、儿化音和轻声词语，正确书写"莲蓬"。
2. 抓住重点词句品味荷花不同姿态的美丽，迁移训练描写其他花。
3. 有感情地朗读课文，积累优美语句。

教学重难点

抓住重点词句体会荷花的美丽，感悟写作方法。

课前准备

制作多媒体课件。

课时安排

一课时。

教学思路

本课为精读课文，教学中，引导学生通过学习作者对荷花样子的观察和作者看到荷花引起的想象，体会作者是怎样把观察的事物写清楚的，并记录优美语句。

教学过程

一、揭示课题，板书指导

师：同学们，我们首先来看一下每天的日积月累。
（出示课件）
江南可采莲，莲叶何田田。
小荷才露尖尖角，早有蜻蜓立上头。
接天莲叶无穷碧，映日荷花别样红。
师：我们一起来读一读，大家猜猜这些诗句中描写了什么花？
生：写的是荷花。
师：对，是荷花。荷花象征着高洁的品格，历史上很多文人墨客都喜欢描写荷花，赞美荷花。著名的文学家、教育家叶圣陶爷爷也喜欢荷花，并且写了一篇《荷花》，这节课就让我们一起学习这篇课文，看看叶圣陶爷爷笔下的荷花是什么样子的。（板书课题）
师：注意荷花的"荷"字，"荷"是上下结构，形声字，草字头，下面是"如何"的"何"。（边板书边指导书写）

【设计意图】由有关描写荷花的诗句导入课题，激发起学生的学习兴趣。课题中的"荷"字是本课要求会写的生字，通过随文识字学习"荷"字。这样在语境中学习生字，提高识字效率。

二、初读课文，整体感知

师：叶圣陶爷爷是怎样写荷花的呢？请同学们自己读读课文，注意读准字音。
（学生读课文）
师：这些词语你们能读对吗？
（课件出示）挨挨挤挤　露出　似的
师："挨挨挤挤""露出""似的"这几个都是多音字，谁来读一读？
（指名读）

师：我们一起读读。

（师生齐读）

师：这些儿化音你们都能读好吗？

（课件出示）花骨朵儿　花瓣儿

师：自己读一读。

（学生读）

师：谁来展示读？

（指名读）

师：这还有几个轻声字，大家能读好吗？

（课件出示）莲蓬　衣裳

师：这个词读"莲蓬"，莲蓬是什么样的呢，大家知道吗？

（出示图片）

师：这就是莲蓬，里面有我们经常吃的莲子，花朵中间就是刚长出的嫩黄色的小莲蓬。读两遍这个词吧。

（学生读）

师：看，"莲蓬"二字是什么结构？部首又是什么呢？这两个字都是形声字，草字头是连和逢的帽子。草字头要写得稍宽一点，盖住下面的部分，长横平均分三段，"莲"草字头下面是"连忙"的"连"，"蓬"草字头下面是一个"逢"。在你们的练习本上写两遍吧。

（学生写生字）

师：字词读音读准了，课文肯定能读好，自己读读课文，读句子时要不添字、不漏字哦！

师：我听到同学们读得更流利了，这篇课文写了哪些内容呢？默读课文，想一想，你能试着填一填吗？

（课件出示）本文写了作者闻着荷花的（　　），来到池边看到（　　），看得入迷，自己仿佛（　　）。

【设计意图】概括文章大意对于三年级的学生来说是个难点，所以通过填空的方式辅助学生把握课文的主要内容，就降低了学习的难度。

师：这就是主要内容，自己读一读。

（学生练读，教师巡视指导）

【设计意图】无论是精读课文还是自读课文，认识生字、理解新词都是学习文章的基础。三年级学生虽然已经具备自学能力，但对于形声字、易错字、儿化音词语和轻声词等重点、难点词语，依然需要教师加以强调。

三、看荷花，赏美景

师：（课件出示荷塘图片）同学们，看，这一池的荷花美得像什么？（板书：一幅活的画）我们常说美景如画，美丽的景色不仅可以用画笔勾勒，还可以用文字描绘，默读课文，用横线画出你觉得美的句子，想一想，它好在哪儿？

师：谁来和大家交流你画的描写荷叶的句子？

生：我来读给大家听。（学生读句子）

师：哪句话可以看出来荷叶数量很多？你来读一读。

生：荷叶挨挨挤挤的，像一个碧绿的大圆盘。

师：一池碧绿的荷叶就像绿色的波浪，真是太美了，我们一起读一读。

（师生齐读）

师：再读课文，画出描写花瓣儿的句子。

（出示描写花瓣儿的句子）

师：花瓣儿姿态各异，各有各的特点，大家自己先读一读，读完之后，我会抽查读的情况。

（指名读，并进行点评）

师：这些描写花瓣儿的词语读得真好。我们的手就是荷花的花瓣儿，有半开的、全开的、未开的，让我们带着动作来读一读。

（学生齐读）

师：这段话中还有个字用得很好，看看文中的泡泡语，你觉得还可以换成什么词？为什么作者就选择用"冒"呢？做做动作，怎样长才是冒出来？

师：心情怎样？速度怎样？你瞧，这一朵，那一朵，都争着长出来呢，多么富有生机啊！就这样读一读这段话。

（学生带上动作读这段话）

师：多么生动的语言，如果我们去荷塘欣赏荷花，对于半开、全开、未开的花，该如何描述呢？我们把这一段连起来说说吧。

【设计意图】抓住重点词"冒""挨挨挤挤"来理解荷花可爱的生长形态，体会作者对荷花的喜爱和赞美。抓住重点词句理解文章主要内容是培养中年级学生学习语文的一种阅读方法。

师：不只是荷花，其他花也可以这样写，初春正是玉兰花盛开的时节，你看，（教师引读填写句子）如果再加上自己的想象就更生动了，比如，有的才展开两三片花瓣儿，像白蝴蝶立在枝头。还可以怎样说？同桌互相说一说。（同桌互相说）

师：谁来给大家说一说？（指名说）

师：一年四季百花相继开放，比如桃花、梨花等，选一种自己喜欢的花，自己先写一写。然后小组交流，选出你们组写得最好的一个。

师：无论是桃花、梨花、海棠、牡丹，还是荷花都让我们看也看不够，真是——（引读）"一朵有一朵的姿势。看看这一朵，很美；看看那一朵，也很美"。怪不得作者说这真是一幅活的画。

【设计意图】从荷花的形态描写引导学生从不同角度观察事物，把事物写清楚。由一种花的描写迁移运用到其他花的描写。

四、朗读想象，入情入境

师：让我们跟着叶圣陶爷爷再次走进这幅夏天的画卷，来到荷花池边，闭上眼睛想象，我们就站在荷花池中，周围是挨挨挤挤的荷叶，深呼吸仿佛闻到了那沁人心脾的清香——（老师范读第4自然段）

师：同学们都陶醉了，说说你仿佛看到了什么，听到了什么，想到了什么。

（引导学生进行想象并说一说）

【设计意图】设计这样一个情境，是想让学生通过学习语言、吸收语言，进而体会作者的表达方法——把观察到的内容写清楚。

师：我们就一起到荷花池边欣赏吧。带着你的感受自己读一读第4自然段。

（学生带着感受读第 4 自然段）

师：读得真陶醉呀，我们仿佛也和荷花一起舞蹈，和昆虫一起说话，配上音乐，谁来读一读？

（播放音乐，指名读）

师：真是诗一样的画面，叶圣陶爷爷的语言也像一首小诗。

（最后三句变成诗的形式，出示课件）

师：我读一小节，剩余的大家一起来读一读。

（师生合作读）

师：同学们，让我们在这美妙的想象中结束本节的学习吧。

【设计意图】通过教师的范读和学生的练读，积累优美生动的语句。以读代讲，帮助学生发散思维拓展想象，体会荷花的美。

第三节　高年级教学案例

《月迹》教学案例

濮阳市实验小学　宋彦菊

教学目标

1. 认识本课 7 个生字。
2. 理清文章层次，知道月亮的足迹都出现在哪里。
3. 抓住重点语段，体会作者细腻的感受和动人的描写。

教学重难点

把握寻月过程中孩子的心理及其发展变化过程。

课时安排

一课时。

教学过程

一、导入新课

师：同学们，在本单元前几课的学习中，我们了解到，运用静态描写和动态描写就能展现景物的静态美和动态美，让所写景物更加生动形象。这节课我们走进我国当代作家贾平凹的《月迹》一文，再次感受这种生动的描写，体会作者笔下景物的美。（板书课题）

二、预习检测

师：同学们，预习了课文，文中的几个句子能流利地读下来吗？（课件出示句子）大家读一读，特别注意加点字的读音。

1. 院子的中央处，是那棵粗粗的桂树，疏疏的枝，疏疏的叶，桂花还没有开，却有了累累的骨朵儿了。
2. 我们都面面相觑了，倏忽间，哪儿好像有了一种气息，就在我们身后袅袅，到了头发梢儿上，添了一种淡淡的痒痒的感觉。
3. 三妹是我们中最漂亮的，我们都羡慕起来；望着她的狂样儿，心里却有了一丝嫉妒。
4. 我们越发觉得奇了，便在院里找起来。妙极了，它真没有走掉，我们很快就在葡萄叶儿上、瓷花盆儿上、爷爷的锨刃儿上找到了。

（学生自读）

师：谁来展示？（指名读）

师：很好，读得字正腔圆，特别是加点的字全部正确。第一句中的"累"是多音字，谁知道它的其他读音，并分别组词？

生："累"字有三个读音，第一个读音为二声，组词为累赘、硕果累累；第二个读音为三声，组词为积累、经年累月；第三个读音为四声，组词为劳累、疲累。

师：生字和句子都能读好，不知道课文读得怎么样？我来检查最长的一个自然段——第2自然段，请一名同学读一读。（指名读）

【设计意图】读熟课文是感悟作者情感的基础，对于篇幅较长的课文，检查时没有必要面面俱到，一个重点段就可以达到管中窥豹之目的。

三、初读，理清层次

师：大家在预习的过程中，思考过题目中的"月迹"是什么意思吗？

生：月亮的足迹。

师：月亮的足迹都出现在哪里呢？浏览课文，看谁能很快找出来。

生：月亮的足迹出现在了穿衣镜上、院子里、河湾里、眼睛里。

师：本文写的是什么时候，哪些人做什么？我们从中懂得了什么？谁能用简洁的话概括文章的主要内容。

生：中秋的夜里，"我们"一些孩子寻找月亮的足迹，"我们"在穿衣镜上、院子里、河湾里、眼睛里找到了月亮。"我们"懂得了：月亮是属于我们的，每个人的。

【设计意图】理清文章层次、概括课文内容是高年级段学生学习语文的基本能力，有了整体把握，才能更好地抓住重点语段，体会作者细腻的情感和动人的描写。

四、细读，鉴赏动人描写

师：作者贾平凹先生成年后回忆自己在中秋夜里和兄弟姊妹寻找月亮的过程，竟然那么好玩、有趣。请默读课文，把你觉得好玩、有趣的地方找出来，想想作者是怎样进行动人的描写的，再有感情地朗读，体会作者细腻的感受。

（课件出示自学提示）默读课文，把你觉得好玩、有趣的地方找出来，想想作者是怎样进行动人的描写的，用简练的词句批注在相关句子旁边，再有感情地朗读，体会作者细腻的感受。

师：大家读自学提示，看有几个要求，分别是什么？

生：有三个要求，一是默读课文，找出好玩、有趣的地方；二是批注作者是怎样进行描写的；三是有感情地朗读，体会作者细腻的感受。

【设计意图】对于有几个要求的自学提示，一部分学生往往只注意前面的而忽视后面的，特别是朗读感悟。把要求细化，先让学生明确，自学时才能一步步深入进行。

（学生根据提示自学，教师巡视指导）

师：同学们，合作出智慧，在小组内相互交流一下自己的看法吧，一会儿选出你们组认为最有趣的一处，派代表在班内分享。

（小组交流，教师巡视，了解各组自学情况）

师：我们一起来分享一下吧，哪个小组先来？

组1：我们组认为第2自然段写得最有趣。这段话主要描写了月亮在穿衣镜中出现，由"白道儿"到"满盈"，再到"没了踪迹"的动态过程，写出了月亮的动态美，还写出了孩子们由高兴到失望的感受。作者描写竹窗帘儿里的月亮"款款地悄没声儿地溜进来"，运用了拟人的修辞手法，写出了月亮趁人不注意，就悄悄到来的情景。"原来月亮是长了腿的，爬着那竹帘格儿，先是一个白道儿，再是半圆，渐渐地爬得高了，穿衣镜上的圆便满盈了。"这句话中，作者运用"先""再""渐渐"表示先后顺序的词，把月亮在穿衣镜上由缺到圆的过程描写得形象生动。

师：听着你的分享，老师仿佛看到了月亮在穿衣镜上出现的动态过程。把你的感受读给同学们听吧。

（学生读）

师：你把月亮的变化过程读得清晰明了，非常有趣。大家注意了吗？这一段中有很多儿化音，把这种儿化音读出来，那又是一种独特的感受。自己试一试吧。

（学生练习朗读，然后展示读）

师：哪个小组继续分享？

组2：我们组觉得第3自然段中对院子里那棵桂树的描写很有趣。"满院子的白光，是玉玉的，银银的，灯光也没有这般亮的。院子的中央处，是那棵粗粗的桂树，疏疏的枝，疏疏的叶，桂花还没有开，却有了累累的骨朵儿了。"这段话连用了六个叠词，把月光的皎洁和桂树的样子描写得形象有趣。这是对月光和桂树的静态描写，写出了它们的静态美。请我们组的一名同学给大家展示朗读。

（学生朗读）

师：无论是对穿衣镜上月亮的动态描写，还是对院子里月光和桂树的静态描写，都让我们感受到作者描写的生动形象而细腻。还有吗？哪个小组接着交流。

组3：我们组同学特别喜欢第4~18自然段"我们"和奶奶关于月亮的对话描写部分。这几段关于月亮的对话描写，写出了孩子们要了解月亮上事物的迫切心情，也写出了孩子们对月亮的好奇。对话描写最适合分角色朗读，我们组几名成员分角色朗读给大家听。

（几名小组成员分角色朗读）

师：听着你们绘声绘色的朗读，老师仿佛变成了一个孩子，恨不得加入他们的讨论呢。其他小组继续分享吧。

组4：我们组同学很喜欢第21自然段对河水的描写。"院门外是一条小河。河水细细的，却漫着一大片的净沙，全没白日那么的粗糙，灿灿地闪着银光。"小河的水细细的，漫着一大片的净沙，给人一种恬静的美，"灿灿地闪着银光"，又赋予了它动态的美。这句话运用了动静结合的写法，既写出了小河的静态美，也写出了它的动态美。我来朗读给大家听。

（学生朗读）

【设计意图】本文是本单元的最后一篇课文，学生在前面课文的学习中掌握了一些静态描写和动态描写的方法。这节课，教师放手让学生先自学，再小组内交流，最后分享汇报，把课堂真正还给了学生。

五、拓展练笔

师：同学们，在贾平凹先生的眼里，月亮是有脚的，作者和伙伴们循着月亮的足迹，在穿衣镜上、在院子里、在河湾里、在眼睛里都找到了月亮。这份对月亮的寻找，不正是小朋友们有趣的童年生活吗？请大家在一个满月的夜里，约三五好友，也来找找月亮的足迹，一篇篇佳作一定能在大家的笔下诞生。

【设计意图】在月下玩耍，争论月亮的归属，是我们那个时代的孩子永远也不会满足的事情，而现在的孩子，似乎与月亮隔绝了联系。这样一个小练笔，让他们通过寻找月亮的足迹，体味不一样的童年乐趣。

《威尼斯的小艇》教学案例

濮阳市实验小学 尚淑丽

教学目标

1. 认识本课生字。
2. 理清文章层次,体会小艇的特点,感受它同威尼斯水城的关系。
3. 抓住重点语段,体会作者抓住动态和静态描写,从不同角度把景物写细致、写生动的表达方法。
4. 仿照课文,尝试用动静结合的方法写自己印象最深的某个景致。

教学重难点

重点:体会作者抓住动态和静态描写,从不同角度把景物写细致、写生动的表达方法。

难点:学习作者用动静结合的方法写某个景致。

课时安排

两课时。第一课时,通过预习单交流展示自主学习生字情况,初步感知课文,理清文章层次;第二课时,见教学过程。

教学过程

☑ 第二课时

一、回顾课文

师:上节课,我们学习了生字,读熟了课文,理清了文章的思路。回顾课文,想想作者是从哪几方面来介绍威尼斯的小艇的。

生:小艇的重要作用,小艇的样子,船夫的驾驶技术,小艇与人们的生活关系密切。

师:这节课我们继续学习这篇课文。

【设计意图】对课文内容进行回顾,为接下来的研读探究、领悟表达方法做好准备。

二、品读船夫的驾驶技术高

师：坐上小艇的感觉很惬意，船夫给你留下了怎样的印象？请同学们默读第 4 自然段。

（课件出示自学提示）

1. 请自由读课文，想一想这段话是围绕哪句话来写的。
2. 你是从哪些语句体会到的？请边默读边批画。

师："船夫的驾驶技术特别好"一句在这里起什么作用？

生："船夫的驾驶技术特别好"是中心句，总领全段。下面几句话围绕中心句具体叙述。

（板书：先总后分）

师：同学们真会学习！

师：那么，船夫的驾驶技术到底如何呢？下面请同学们读一读这段话，想一想，哪些词句说明船夫驾驶技术特别好？

生：操纵自如、挤过、穿过、急转弯。

师：对，多么精湛的驾驶技术啊！这里通过"左拐右拐""挤过去""穿过""急转弯"等动词，生动地描写出船夫驾驭小艇十分娴熟，得心应手。

师：大家再看这一段的最后一句话："两边的建筑飞一般地往后退……不知看哪一处好。"这句话没有直接写船夫，去掉它可以吗？

生：不行，这是从另外一个角度衬托了船夫的技术高，是侧面描写。

师：真会思考！作者先总写驾艇技术高超，再具体写，最后侧面描写，条理清晰。

师：让我们一起带着赞叹之情，分组朗读，再现船夫那高超的驾驶技术。

（学生分组进行朗读）

师：这段话作者为了把"船夫的驾驶技术特别好"这个中心写具体，从船只多、速度快、拥挤的情况、极窄的地方他是怎样操纵自如的，让我们感受到船夫的驾驶技术特别好。看来，我们写文章的时候要围绕中心，可以抓住不同的情况写具体。我们再来读一读这段话，体会这种写法的妙处。

（板书：不同情况）

师：请同学们用自己喜欢的方法背一背。

（学生用自己喜欢的方法背诵）

师：谁来借助提示一起来背一背？

【设计意图】先概括再具体描写是本段的表达特色，旨在引导学生感悟作者围绕中心句从多种情况写具体的表达方法。

三、品读小艇的作用

师：船夫的技术这样高超，那人们会坐着小艇干什么呢？快速浏览最后两段，根据表格提示，筛选主要信息。（课件出示表格和思考题）

谁		干什么	说明什么
商人	坐着小艇	去做生意	

思考：

1. 请根据自学提示，边读边批画，完成这个表格。

2. 请认真观察表格，你发现了什么？

生：我发现都是写的谁乘着小艇干什么。

师：想一想，还有哪些人会乘坐小艇？

生1：学生乘着小艇去上学，中年妇女乘着小艇去买菜……

生2：这一段是写不同人的不同活动，突出小艇的作用大。

（板书：不同活动）

师：这么多人乘坐小艇，难怪作者说它是威尼斯的主要交通工具。人们不仅白天离不开小艇，就连晚上也同样离不开小艇。半夜，戏院散场了……

（引出第6自然段，学生齐读）

师：真是艇动城闹，艇停城静。快速默读，找一找哪儿是动态描写，哪儿是静态描写。

生：末段前两个句子是动态描写。写半夜时，戏院散场，人们各自乘坐小艇，散开，消失；传来哗笑和告别声。后三个句子是静态描写。写深夜，小艇停泊，水面沉寂，月影摇晃，万物静寂，古城入睡。环境幽静，景象优美、迷人。

师：对，作者在这里描写了白天和夜晚的情景，这是抓住不同时间段的人们的活动（板书：不同时间），运用静态和动态的描写相结合，让我们再次感受到小艇与人们的生活密切相关。

师：无论动也好，静也好，古老的威尼斯都是那么优美。老师配上音乐，男生、女生分角色来读一读，让我们再来一起感受威尼斯的夜景！

【设计意图】以学生的读、悟为主，教师进行适时点拨，旨在使学生了解威尼斯独特的风情及小艇在人们生活中的重要作用，并领悟作者动静结合的表达方法。

四、读写结合

师：通过品读文章，我们发现在描写具体的事物时，应注意事物的动态与静态，从多个角度描写，如不同情况，不同人，不同时间，巧妙地运用比喻的修辞手法把它们写具体、写生动，才能表现出事物的特点。

师：下面让我们写一写中心广场之夜，注意抓住特点，运用动静结合的写法。

（课件出示）夜幕降临，广场上的灯都次第亮起来，灯光_____，喷泉_____，人们_____。随着时间的推移，人们渐渐散去，广场上_____。

五、拓展阅读

师：请同学们读一读课文后面的"阅读链接"，思考下面问题（课件出示）：

1. 边读边把片段和课文共同写到的内容圈画出来。
2. 三位作家在表达上有什么相似之处。

游览途经地	静态描写和动态描写	作者的感受

【设计意图】新课程标准倡导"1＋X"阅读，引导学生在多篇对比阅读中，发现在写法上的异同点，提升学生阅读能力。

《匆匆》教学案例

濮阳市实验小学　于文玲

教学分析

《匆匆》是统编教材六年级下册第三单元的课文，本文是现代著名作家朱自清写的一篇脍炙人口的散文。文章紧扣"匆匆"二字，细腻地刻画了时间流逝的踪迹，表达了作者对时光流逝的无奈和惋惜。本课是首次学习朱自清的文章，目的是引导学生初步感受其作品语言的优美，体会作者的思想感情，同时引导学生体会文章在表达上的特点，并积累优美词句。

教学目标

1. 学会本课的8个生字，能正确读写"伶伶俐俐""徘徊""赤裸裸"等词语。

2. 入情入境地朗读课文，背诵自己喜欢的部分。

3. 感受课文的语言美，学会运用比喻、拟人等修辞手法表达时间的匆匆。

4. 了解作者对时间流逝的伤感及珍惜时间的感受，唤起生活的体验，体会时间的稍纵即逝。

教学重难点

重点：感受语言美，领悟表达方法。积累词句。

难点：体会文章是怎样表达情感的。

课前准备

1. 收集朱自清简介及朱自清作品。
2. 收集惜时的古代诗词、文章、名言、警句。

课时安排

两课时。第一课时，见教学过程；第二课时，背诵课文，摘抄排比句、比喻句，写自己读课文后的感悟。

教学思路

本单元的语文要素是体会文章是如何表达情感的，这是本单元的第一篇文章，它承担着落实语文要素的任务，所以本课的主要教学环节就是通过默读、朗读、批画等学习活动体会文章是怎样表达情感的。

教学过程

☑ 第一课时

一、名言导课，简介作者

师：同学们，你们一定积累了不少名言，今天我们来比一比，有关时间的名言看谁说得多。

生1：光阴似箭，日月如梭。

生2：时间如白驹过隙，转瞬即逝。

生3：花有重开日，人无再少年。少年易老难学成，一寸光阴不可轻。

师：大家说得太棒了！从这些名言中你们感受到了什么？

生1：时间过得很快。

生2：这两句诗提醒我们珍惜时间，珍惜现在的美好时光。

师（小结）：80多年前，有一位年轻的作家也和我们有着同样的感怀，于是他写下了散文《匆匆》（板书课题并读课题），这位作家就是——朱自清。

师：结合课前收集的资料，说说你对朱自清先生有哪些了解。

生：朱自清是著名作家，我读过他的文章《春》，盼望着，盼望着……

师："匆匆"是什么意思？看了课题你们想知道什么？

生："匆匆"指的是时间过得很快，一晃而过。读了课题我想知道作者写匆匆的目的，作者是怎样写匆匆的。

【设计意图】高年级的学生必须对作者有一个初步的印象，甚至对作者写这篇文章所处的时代有一个清晰的了解，这样可以帮助学生理解课文，理解作者所表达的情感。这是学习课文的关键。

二、初读课文，预习检测

师：这篇文章语言优美，意境深远，现在三人小组轮读课文，遇到不明白的词语想办法解决（查字典、请教同学或联系上下文思考）。

师：相信大家通过通读课文，对文中的生字词已有了解，下面检查学生的掌握情况。

（课件出示）头涔涔（cén） 泪潸潸（shān） 徘徊 薄（bó）雾 旋转（zhuǎn） 挪（nuó）移

师：先自己读一读，然后小组过关读，最后小组展示读。

师：本文中出现"蒸""融"二字，你们是怎么记住这两个字的？

生："蒸"字中间的一笔"横"不要忘记，"融"字左下侧的笔顺是点、撇、横、竖。

师：给同桌读一读自己感觉特别难读的句子。

（同桌互读）

师：快速浏览课文，说一说课文主要写了什么。

生：主要写了时间过得匆匆，作者为此感到惋惜。

【设计意图】本课中的"蒸""融"在书写的时候特别容易出错，通过读字音，找易混点帮助学生读准字音，了解字形。

三、品读课文，赏析感悟

师：这篇文章是写什么匆匆的？

生：时间匆匆。

师：表达了作者怎样的思想感情？

生：对时间匆匆流逝的无奈与惋惜。

师：课文中哪些语句是写作者对时间匆匆流逝的无奈和惋惜，又是怎样表达这样情感的呢？用横线画出有关语句，体会这样写的好处。先自学，然后小组交流汇报。

（小组内交流）

师：哪个小组来汇报？

生1："燕子去了，有再来的时候；杨柳枯了，有再青的时候；桃花谢了，有再开的时候……现在又到了哪里呢？"这一段作者采用对比的方法写出了时间的一去不复返。

生2：开头的句子作者采用排比的句式写出了自然万物皆有轮回，唯有时间一去不复返。

生3：四个问句，表达了作者对时间流逝的惋惜、无奈。

师：带着这样的情感朗读本段，看谁能快速地背诵下来。

（学生背诵）

师：大家背诵的速度真快，请模仿课文第1自然段中的排比句，写出一组新的排比句。

生1：太阳落下，有再升起的时候；月亮缺了，有再圆的时候；小草枯了，有再绿的时候。可是时间却一去不复返。

生2：大雁南飞，有再飞回的时候；梨花谢了，有再开的时候；河水结了冰，有再融化的时候。可是时间却一去不复返。

师：哪个小组接着汇报？

生："在默默里算着，八千多日子已经从我手中溜去，像针尖上一滴水滴在大海里，我的日子滴在时间的流里，没有声音，也没有影子。我不禁头涔涔而泪潸潸了。"作者采用比喻的修辞手法写出了时间流逝得无影无踪。

师："溜"字换成"逝"好不好，为什么？

生1：不好，因为"溜"及后面的"没有声音，也没有影子"都形象地表现了时间无声无息飞快地流逝了，令人难以察觉。

生2："溜"给人一种动感，而"逝"没有这种感觉。

师：我来读这一句话，同学们认真听，读后请一位同学进行评价。（指名评价）

生：你读书的速度非常慢，让我感受到时间消逝得无影无踪。

师：请大家快速背诵下来吧。

（学生快速背诵）

师：哪个小组接着汇报？

生："于是——洗手的时候……这又算溜走了一日。"作者用拟人的修辞手法写出了时间流逝的匆匆。

师：作者是怎样具体描述日子来去匆匆的？并画出动词。

师：模仿本段写法，说一说自己的生活感悟。

生1：写字的时候，时间从笔尖流过；弹琴的时候，时间就从琴边流过；踢足球的时候，时间就从脚边飞过。

生2：唱歌的时候，时间从歌边飞过；聊天的时候，时间就从嘴边流过；玩游戏的时候，时间就从屏幕前闪过。

师：同学们说得真好，请大家有感情地朗读这段话，体会作者对时光的留恋和光阴流逝时的伤感。

师：思考"过去的日子如轻烟……我何曾留着像游丝样的痕迹呢？……为什么偏要白白走这一遭啊？"这句话表达了作者怎样的情感？

生：表明自己决心要干一番伟业，不能虚度光阴。

师：全段六次连续地追问，作者想要表达怎样的心情呢？朗读品味。

（指名答）

生：表明作者在时光面前困惑、难过、无奈，但是又不甘心虚度年华。

师：（补充写作背景）为了能更好地了解这篇文章，我们有必要了解朱自清所处的时代，当时军阀割据，国家四分五裂，青年茫然无措，不知路在何方。朱自清倍感时光匆匆，却寻不着方向。在此状态下写下这篇文章。

师：你们觉得怎样才算是留下些生命的痕迹？怎样的人生才算没有虚度，没有白白地在这个世界上走一遭？齐读最后一段"你聪明的……为什么一去不复返呢？"有什么发现？

生：照应开头，问而不答，引人深思，强烈表达对时光流逝的感慨！

【设计意图】本环节先通过学生的默读谈感受，品读赏写法进一步体会作者精妙的语言，特别是作者的几次追问以及用生活中司空见惯的小事写出了时间的匆匆，表达了作者对时间匆匆流逝的无奈而又愧惜的心情，再让学生模仿文中的表达进行练笔，进一步加深了印象，巩固学习了本文的表达方法。

四、拓展延伸

师：朱自清的散文以语言洗练、文笔秀丽著称。他的散文代表作有《荷塘月色》，里面有一段内容很精彩，请大家读一读感受语言的美妙。

（播放课件，展示音视频画面）曲曲折折的荷塘上面……又如刚出浴的美人。

师：同学们，作者朱自清写了很多篇散文，他的每一篇散文都能带给我们很多启发和感受。那么，学了这篇散文后，你最大的感受是什么？对以后的日子有哪些新的认识和打算呢？把你想到的写下来吧。

生：我一定珍惜时间，不虚度光阴。

【设计意图】拓展阅读拓宽了学生的视野，引导学生课下走进更广阔的语文世界。读后谈感受这一环节让学生深思顿悟，为下节课学习埋下伏笔。

《我的"长生果"》教学案例

濮阳市实验小学　李玉萍

教学目标

1. 认识本课的 15 个生字，积累四字词语。
2. 用较快的速度默读课文，把握课文主要内容，体会作者悟出的道理。

教学重难点

引导学生把握课文的主要内容，领悟作者对书的情感，体会作者所悟出的道理。

课前准备

1. 学生课前充分预习，圈点勾画，品读重要语句。
2. 教师制作多媒体课件。

课时安排

一课时。

教学过程

一、回顾导入，板书课题

师：同学们，你们听说过"长生果"吗？（板书：长生果）你们知道吃了长生果会怎么样吗？

生1：可以滋养身体。

生2：可以长生不老。

师：看来长生果相当有营养啊！那么，当代作家叶文玲的"长生果"又指的是什么呢？（板书：我的"长生果"）

师：课题中的长生果打上了引号，可见它并不是指真的长生果，那指的又是什么呢？

生：书籍。

师：看来同学们课文预习得很充分哦。这是一篇略读课文，同学们要运用平时学到的方法自己读懂课文，接下来老师就来检查一下大家的预习情况。

【设计意图】课题解疑，设问层层推进，引导学生由易到难了解书籍和长生果之间的内在联系，理清文章的写作思路，为学习全文奠定了基础，使学生能够从整体上清晰地把握课文。

二、检查预习，整体感知

师：课前同学们都对这篇课文进行了预习，但是效果怎样呢？我们一起来检测检测吧。

1. 读准下列词语

（课件出示）水浒　酵母　浮想联翩　黯然神伤　如醉如痴　馈赠　一阕　囫囵吞枣　流光溢彩　呕心沥血

师：现在检测词语情况，谁想给大家读一读？（指名读）

（学生读后，教师强调"酵母"的"酵"和"如醉如痴"的"痴"的读音）

师：接下来我们开火车读一读。

2. 概括课文大意

师：这些词语大家都会读了，那么课文主要写了什么内容呢？大家要善于从一大段文字中捕捉最有用的信息，并且概括出来。接下来，我们就来试一试——如果用两个字来概括课文主要内容，用哪两个字呢？

生：读书。

师：再具体些，你还会说吗？比如，作者在童年时期读过哪些类型的书？又悟出了哪些写作道理呢？你们能不能根据老师的提示，试着填一填。

（出示课件，根据课文内容填空）作者满含深情地回忆了（　　）时代的读书生活，她的读物由（　　）到（　　），然后到文艺书籍和（　　）。作者在读写的实践中，逐渐悟出了读写间的关系和写作方法：作文，首先（　　），落笔也要（　　）；作文练习，开始离不开（　　），但是真正打动人心的东西，应该是（　　）。

师：谁可以试着填一填？

生：我来试一试。

作者满含深情地回忆了少年时代的读书生活，她的读物由小画片到连环画，然后到文艺书籍和中外名著。作者在读写的实践中，逐渐悟出了读写间的关系和写作方法：作文，首先构思要别出心裁，落笔也要有些"鲜"味；作文练习，开始离不开借鉴和模仿，但是真正打动人心的东西，应该是自己呕心沥血的创造。

师：很好，看来预习做得很不错。其实，这篇文章我们也可以抓住"最早""后来""渐渐地""后来"这些表示时间顺序的词概括大意。先自己想一想，再试着说一说。

生：这篇课文写了作者少年时代的读书生活，最早她的读物是小画片，后来是连环画，渐渐地开始阅读文艺书籍和中外名著。作者在读写的实践中，最后悟出了读写间的关系和写作方法：作文，首先构思要别出心裁，落笔也要有些"鲜"味；作文练习，开始离不开借鉴和模仿，但是真正打动人心的东西，应该是自己呕心沥血的创造。

师：总结得非常到位！同学们，这些表示时间的词语，告诉我们作者介绍自己的读书经历是按照一定顺序的。所以，在读书的时候，我们可以关注表示时间的词语，因为这些词语可以很好地帮助我们对阅读的内容进行概括。

除此之外，我们还可以借助过渡句来捕捉关键信息，例如第5自然段和第7自然段可以用开头第一句来概括。

师（小结）：看，借助关键词句捕捉信息和概括信息，理清文章的思路是个很好的方法，聪明又用心的孩子一定会很快掌握。

【设计意图】小学中高年级是训练学生概括课文主要内容的阶段，这一训练就是要培养学生高度的概括能力。把握内容、理清思路应注重从"整体"着眼，同时让学生关注与文章结构、思路有关的词语或句子，快速筛选相关信息。

三、细读感悟

1. 快速默读课文

师：正是由于小时候如饥似渴、如醉如痴地读书，长大后的作者才写得一手好文章，并且十分怀念童年读书的时光。接下来，请同学们用较快的速度默读课文，思考以下问题（出示课件）：

1. 作者在童年时代是怎样读各种类型书的？对作者起到了什么作用？
2. 作者在作文中悟出了怎样的道理？
3. 你从哪些词句体会到作者喜欢读书的？带着自己的体会读一读作者喜欢读书的句子。

师：找到相关的句子画出来并多读几遍，并把自己的体会和感受用不同的符号做批注，也可以用思维导图的方式或表格的形式展现出来。

2. 小组交流

师：小组长组织，每个组员交流自己对上面三个问题的思考，然后形成小组意见，由小组长在全班交流时汇报或三人分工汇报。

3. 全班交流

（组内派代表汇报，其他组补充，教师引导）

师：哪个小组先来汇报？

生1：我们小组来汇报。作者在童年是这样读书的——

看叫作"香烟人"的小画片时津津有味，看连环画时废寝忘食，读文艺书籍时不求甚解，读中外名著时如醉如痴。

正是不断地在书里如饥似渴地汲取营养，才不断地成长起来。所以在作者回首少年时光时才感到那样的愉悦。

生2："读书"对"我"的作用——

（1）觉得自己无知而空荡的脑瓜日益充盈起来。

（2）对文学产生了越来越浓的兴趣。

（3）作文常居全班之首。

（4）大大扩展了想象力。

（5）悟出了"作文要别出心裁，落笔要与众不同"的道理。

（6）养成了做笔记的习惯（锻炼记忆力、增强理解力）。

（7）悟出了"作文，要写真情实感"的道理。

生3：从作者读书的经历和两次作文获得成功的经历中，可以读出作者的读书和作文方法有以下两种。

（1）读书要博览群书，入情入境，还要做读书笔记，学会借鉴运用。

（2）作文构思要别出心裁，要写真情实感，还要自己创作才能打动人心。

师：作者对书的喜爱就这样在津津有味的阅读中流露了出来，那么，你能通过朗读将作者喜爱读书的这种情感读出来吗？在读的过程中要重点体会品悟下列词语（出示课件）。

读小画片：美差、抢、眼羡、卖力、饱览。

读连环画：痴迷、想入非非、泪落如珠、忘吃忘睡、扎进、迷醉。

读文艺书籍：绿洲、奔、囫囵吞枣、牵肠挂肚、如饥似渴。

读中外名著：如醉如痴。

师：这些词语生动地写出了书对"我"的吸引，也写出了"我"读书时的迷醉感、愉悦感。请大家自由读一读，再次感受作者对读书的喜爱之情。

（学生自由练读）

师：谁来给大家展示一下自己的阅读？

（学生展示读）

师：同学们，通过刚才的交流，现在你们是怎样理解作者把书比作"长生果"的？

生1：我是这样理解的，长生果，指营养极其丰富。将书比喻为"长生果"，意思是书是人类的精神食粮，是人类文明延续的营养。作者就是在书的引领下，写作能力越来越成熟的。

生2：将书誉为"长生果"，作者对书的钟爱可见一斑。看来书真正是全世界的营养品啊！即使多年之后品味读书的味道，还是这样让人心醉。

【设计意图】本环节没有烦琐的内容分析，而是让学生在自主阅读中捕获信息，给足学生学习的时间，让学生在默读、浏览的过程中迅速把握课文的重要内容，在细读深思中了解作者的感悟。通过重点词语和句子的朗读，明白作者"酷爱读书"这种情感贯穿始终。作者正是不断地在书里如饥似渴地汲取营养，才不断成长起来。

四、联系实际，升华感情

师：我们每个人都有自己的读书的故事，现在，就请同学们交流一下自己的读书心得，谈谈你在生活中是怎样读书的，说一说自己读书的故事或者你在读书时的收获。

生1：最近，我对《哈利·波特》这套书产生了极其浓厚的兴趣。每天我都会等妈妈睡着以后，偷偷打开我的小夜灯，急切地翻开书，时而靠着墙坐着看，时而侧着身子看。但为了不发出声音吵醒妈妈，我每翻一页都是小心再小心。如果吵醒了妈妈，我一定会被大吵一顿的。

生2：读书带给我很多快乐，也带给我很多感触。我爱读书，读书的感觉真好！

师：是啊，书就是我们的精神食粮，它就像长生果，带给我们一辈子的营养，让我们一生受用！希望同学们都能养成爱阅读的好习惯，一生都与好书相伴！

【设计意图】因本课内容与学生的学习生活紧密相关，让学生联系自己阅读、写作经历和生活实际畅谈感受和收获，再次体悟作者的感受，提升对阅读写作及人生的认识，是很有必要的。

《鸟的天堂》教学案例

濮阳市实验小学　赵瑞红

教学目标

1. 有感情地朗读课文，认识本课的3个生字，会写10个字。

2. 朗读课文，体会作者两次到"鸟的天堂"的不同感受，学习作者运用静态描写和动态描写相结合的方法，表达对"鸟的天堂"的喜爱之情。

3. 体会文中"鸟的天堂"的不同含义。

教学重难点

1. 通过想象画面、联系上下文、抓关键词等方法，体会"鸟的天堂"的动态美，并学习动静结合的表达方法。

2. 用不同的语气和节奏读出榕树的静态美和"鸟的天堂"的动态美。

课前准备

学生预习课文，教师制作课件。

课时安排

两课时。第一课时，指导学生读熟课文，学习生字词，学习多音字；理清两次到"鸟的天堂"脉络，学习第一部分，感受榕树的静态美，并有感情地朗读；第二课时，见教学过程。

教学过程

☑ 第二课时

一、回顾静态美

师：上节课，我们学习了本课的生字词和文章的第一部分，欣赏到了一棵充满生命力的大榕树。现在谁能有感情地读一读7~8两个自然段，再次让大家欣赏一下这棵美丽的大榕树？

（指名配乐读）

师：感谢你让我们欣赏到了那美丽的南国的树！后来，作者听朋友说，这里是"鸟的天堂"，但这次，作者却没有看到一只鸟，于是带着遗憾离开了。那么，作者第二次到"鸟的天堂"，看到了什么情景呢？

二、感受动态美

1. 品词析句，感受特点

师：请大家默读第10~13自然段，思考你们从哪些词句感受到这里鸟多、热闹。用横线画出有关句子，并在关键词下面加着重号，做批注。

（自学后小组交流）

师：哪个小组想与大家分享？

生：我们小组从这句话感受到鸟多，"我们继续拍掌，树上就变得热闹了，到处都是鸟声，到处都是鸟影"。这两个"到处"写出了哪里都是鸟。树梢上、树枝上、树根上、水面上、头顶上、肩膀上等，凡是看到的地方都是鸟。

师：你们小组抓住"到处"这个词语来谈，让我们仿佛感觉到目之所及到处都是鸟。其他小组还有补充吗？

生：我们小组从"热闹"这个词语感觉到鸟非常多。刚到这里时，还是静寂的。一拍手，忽然就出来了这么多鸟，感觉这里顿时活跃起来。

师：对呀，上次到"鸟的天堂"，作者还为没看见一只鸟而遗憾呢。这次一下子看到这么多鸟，你觉得作者的心情是怎样的呢？

生：我觉得作者非常惊喜、激动。

师：你能不能通过朗读把作者这种激动、兴奋的心情表达出来呢？

（学生有感情地朗读）

师：除了这句话，还能从哪句话感受到这里鸟很多呢？

生：我们组从"大的，小的，花的，黑的，有的站在树枝上叫，有的飞起来，有的在扑翅膀"感觉到这里鸟很多。读到这里，仿佛看到了这里的鸟大小不一，颜色各异，姿态万千。

师：能不能通过朗读让大家感受一下这众鸟纷飞的欢腾场面呢？

（学生有感情地朗读）

师：还能从哪里感受到鸟多呢？

生：我们从"我注意地看着，眼睛应接不暇，看清楚了这只，又错过了那只，看见了那只，另一只又飞起来了"这句话感受到鸟多。这时，作者的眼睛都不够用了，看清楚了这只，又错过了那只；看见了那只，另一只又飞起来了。

师：对呀，这时候，作者巴不得多长几双眼睛呢。用书上的一个词就是——应接不暇。

师：你们能不能试着加上动作读一读？

（学生有感情地朗读）

【设计意图】抓住关键词句体会鸟多热闹，为下文体会动态描写做铺垫。

2. 有感情地朗读，体会作者心情的变化

师：刚才，我们通过想象画面、抓关键词、联系上下文的方法体会到了这里鸟很多，很热闹。下面请读一读第12、13自然段，看看作者的心情有没有变化。

生：一开始，作者见到"鸟的天堂"依旧是静寂的，感到有些失望。忽然听到一声鸟叫，作者心里顿时感到惊喜，这里果然有鸟！然后迫不及待地把手一拍，看见一只大鸟飞起来时，作者就高兴起来了。接着又看见第二只、第三只，作者更高兴了。当到处都是鸟声，到处都是鸟影，眼睛应接不暇的时候，作者越来越兴奋，越来越激动了。

师：请大家自由读一读这两段，看能不能通过不同的语气和节奏表达出作者心情的变化。

（学生有感情地读）

【设计意图】作者的心情是随着鸟的出现而变化的。通过不同的语气和节奏表现作者不同的心情，也为下文体会动态描写和静态描写做铺垫。

3. 联系文本，体会含义

师：课文最后一句话写道："那'鸟的天堂'的确是鸟的天堂啊！"这两个"鸟的天堂"有什么不同，分别指的是什么呢？

生：第一个"鸟的天堂"指的是大榕树，第二个是鸟快乐生活的地方。

师：对呀，在这里，写大榕树是"鸟的天堂"，充分表现了鸟儿在这里生活得十分幸福。

【设计意图】"能联系上下文和自己的积累，推想课文中有关词句的意思……体会表达效果"是《语文课程标准》第三学段中的一项内容。教学时，引导学生抓住关键词句体会鸟的天堂的动态美。

三、破解写法美

1. 学习"动态描写"

师：刚才我们学习的这两段，作者为我们描写了鸟儿在这里自由自在、热闹欢腾的场面，像这样把景物活动时的情景写下来的方法就是动态描写。

2. 学习"静态描写"

师：快速默读第7、8自然段，看看这两段写的是什么？

生：这两段写的是大榕树的样子。

师：对，像这样把景物静止时的情景写下来的方法就是静态描写。

3. 对比朗读，体会不同

师：动有动的美，静有静的美，老师这里有两种不同的图示，表示不同的节奏和语气，请看。

（板书不同节奏的符号）

师：你们觉得朗读第7、8自然段的时候，该用哪种节奏和语气？为什么？

生：我觉得应该用平缓的节奏来读。因为这两段写的是大榕树的样子，这是静态描写，读起来起伏不大。

师：对，静态描写的句子，一般情况下情感起伏不大，比较平缓，所以我们选择舒缓的节奏；动态描写的句子，一般表达了作者激动、兴奋的情感，所以我们选择变化强烈、起伏比较大的节奏。

师：下面请大家用这两种不同的语气和节奏读一读这两处描写，体会一下它们的不同特点。

（学生有感情地朗读）

师：作者就是通过静态描写和动态描写，让我们欣赏到了"鸟的天堂"早晨和傍晚不同的美。那么，如果只有其中一种描写，你能感受到"鸟的天堂"这种景色变化的美吗？

生：不能。

【设计意图】有比较就有发现。引导学生在比较阅读中，发现作者运用动静结合的方法来表现榕树的静态美和动态美。

四、运用写法美

师：这节课，我们学习了动态描写和静态描写，并且学习了通过不同的语气和节奏读出一处景物的变化。课下，请大家选择一处景物，然后运用动静结合的方法，写出景物的变化。

第五章
不同题材典型教学案例

第一节　记叙文教学案例

《军神》教学案例

濮阳市实验小学　司培宁

教学目标

1. 认识本课的10个生字，能与同伴分角色、有感情地朗读课文。
2. 理清文章叙述的顺序，理解沃克医生称刘伯承为"军神"的原因。
3. 抓住人物神态、动作、语言描写，体会刘伯承钢铁般的意志。

教学重难点

重点是理解沃克医生称刘伯承为"军神"的原因。

难点是学习文章用神态、动作、语言描写来表现人物的内心。

课时安排

两课时。第一课时，通过预习检测、小组合作等方式学习生字词，初步感知课文的主要内容，梳理写作思路；第二课时，见教学过程。

教学过程

☑ 第二课时

一、复习导入，直奔"军神"

师：课文中的"军神"是指谁？这是谁对他的尊称？

生："军神"是指刘伯承，这是沃克医生对他的尊称。

师：现在，请大家快速浏览课文，找出带有"军神"的句子。

师：谁来读找到的句子？

生："沃克医生惊呆了，大声嚷道：'你是一个真正的男子汉，一块会说话的钢板！你堪称军神！'"

师：你有一双敏锐的眼睛，我们一起来读一读这一句话。你们是带着怎样的感情来读的？

生1：惊讶、激动。

生2：赞美、崇敬。

师：读了这个句子，此刻你们有哪些疑问？

生1：为什么沃克医生称刘伯承是一个真正的男子汉？

生2：为什么说他是一块会说话的钢板？

生3：为什么说他堪称"军神"呢？

师：提的问题很好，大家再读课文，把课文中最能体现"军神"的句子画出来，在旁边写上你的感受和体会。

【设计意图】学贵有疑。带着自己提出的这些问题深入到课文的字里行间，自己去寻找问题的答案，边读边用心体会。

（上述问题完成之后，进行三人小组交流）

二、细读品味，解读"军神"

1. 品读"术前"部分

师：你们已经把自己的理解化作了一条条美丽的波浪线，谁来说一说，手术前哪些地方让你感受到他是"军神"？

生：我从沃克医生的语言中感受到了——"你是军人！"沃克医生一针见血地说，"我当过军医，这么重的伤势，只有军人才能这样从容镇定！"

师：你关注到了沃克医生的语言，很了不起！

生："他愣住了，蓝色的眼睛里闪出一丝的惊疑。"我从"惊疑"这个描写沃克医生神态的词语中感受到当时刘伯承的伤势很严重，这是常人难以承受的。

师：你很会读书，语言表达很完整，向你学习！是的，沃克医生"惊疑"的眼神让我们觉得这个病人很不一般。

生：我来补充，其实沃克医生对待刘伯承的态度发生了很大变化，开始是"冷冷地"，慢慢地，变得"目光柔和"，相信沃克医生也被刘伯承的勇敢打动了。

师：你还注意到了沃克医生的神情变化，真了不起！刘伯承在伤势如此严重的情况下，依然保持从容、镇定，足见他的坚强勇敢，是一个真正的男子汉，堪称"军神"。

师：老师特意找来刘伯承负伤前后的资料，读一读，相信你们会有更深的感受。

【设计意图】抓住沃克医生的语言和神态变化，感受刘伯承的勇敢、坚强。出示负伤前后的资料，让学生感悟更加强烈、深刻、清晰。

师：谁还有补充？

生：最感动我的是拒绝麻醉的这些句子。

师：还有谁也画出了这段话？（课件出示：沃克医生和刘伯承的对话，并指名读）来，读给大家听！你从中体会到了什么？

生：那么疼，也不用麻醉，太勇敢了！

师：为什么不用麻醉？

生：他需要一个清醒的大脑。

师：他用清醒的大脑干什么？

生1：面对敌人的追捕，指挥打仗。

生2：能够更清醒地做出决策。

师：是的，他需要清醒的大脑，运筹帷幄之间，决胜千里之外……请大家齐读这段话。

生：（齐读）"沃克医生，眼睛离脑子太近，我担心施行麻醉会影响脑神经。而我，今后需要一个非常清醒的大脑！"

师：沃克医生听说病人拒绝麻醉后有什么表现？

生：沃克医生再一次愣住了。

师：沃克医生愣住了，为什么愣住了？

生：惊讶、吃惊。

师：同学们，用心读这段话，你们从中还体会到了什么？

生：体会到刘伯承的勇敢、坚强。

师：带着你们的感受，再读一读这段话。

（学生自由读）

师：来，男生、女生分角色读一读。

（分角色读）

师：刘伯承为了革命事业承受着常人难以忍受的剧痛，他的确是一个真正的男子汉，一块会说话的钢板！

【设计意图】拒用麻醉药直接描写出了刘伯承为了革命事业忍受巨大疼痛的大无畏精神，通过朗读，学生对刘伯承钢铁般的意志有了更深的体悟。

2. 品读"术中"部分

师：手术前，我们感受到了刘伯承刚强的意志、坚强的毅力，手术中呢？来，请你读。（指名读）

生："手术台上……"

师：告诉大家，你读这段话的时候什么感受？

生：很难受，手术太痛苦了。

师：大家能从哪些词语中体会到疼痛和痛苦？

生："紧紧抓住""青筋暴起""汗如雨下"。

师：你读到一个怎样的刘伯承？

生：他有着勇敢坚强的毅力，让人佩服。

师：加入你的感受，读一读，读出画面来。

（学生自由读，老师指名读）

师：此时的沃克医生有着怎样的表现？画出关键词。

生1："一向从容镇定""双手却有些颤抖""汗珠滚滚"，我从这些词语可以看出沃克医生很紧张。

生2：其实这也可以从侧面反衬出刘伯承的坚强。

师：真会学习，融入你的体会，把这段话读给大家听。

（播放电影《青年刘伯承》片段"手术台上"）

师：当你们目睹了这一切，刘伯承在你们眼中是个什么样的人？

生：坚强、勇敢、什么痛苦都能忍受……

师：正如沃克医生所说，他就是一个——

生：（学生接）会说话的钢板、真正的男子汉。

师：三个小时的手术在拒绝使用麻醉的情况下，要把息肉一刀一刀割掉，"一声不吭"，难道他就不疼吗？大家再来读这一部分。

【设计意图】在深入阅读和体会的基础上，借助视频资料，体会刘伯承钢铁般的意志。

3. 阅读"术后"部分

师：从你们的朗读中，我似乎看到了手术台上那些情景，第一刀割下去，第二刀，第三刀……

生：表情十分痛苦，这种精神让人惊叹！

师：是啊，然而更令沃克医生和我们惊讶的是，病人在手术的同时，他还在干什么？

生：数刀数。

师：多少刀？

生：七十二刀。

师：七十二刀啊，你又体会到了什么？

生：体会到了刘伯承的坚强、勇敢。

师：你们平时有被小刀割破的经历吗？

生：我上个月坐爷爷的自行车，脚后跟被车辐辘挂了个口子，疼得我哭了很久好久。

师：可是摘除眼球息肉的手术比挂口子要疼几百倍甚至上千倍，更何况是在拒绝麻醉的情况下，七十二刀每一刀都让人有钻心的疼痛，每一刀都让人难以忍受，而病人却忍受了，难怪沃克医生说——

生：你是真正的男子汉，你是一块会说话的钢板！

师："沃克医生惊呆了……"一齐读。

（学生齐读）

师：刘伯承以超凡的意志征服了沃克医生，也征服了我们。手术台上那惊心动魄的一幕让人难忘，再来读，读出对刘伯承的崇敬之情。

（学生自由读）

【设计意图】该部分让学生结合个人经验，通过对比来感受手术之痛是常人难以承受的。通过多种形式的朗读，在读中悟，从中体会刘伯承的精神品质，让学生对"军神"有更深刻、更全面的认识和理解。

三、总结写法，学以致用

师：为了表现刘伯承钢铁般的意志，作者运用了哪些方法？
生：正面描写和侧面描写。
师：是啊，不仅从动作、语言等正面描写刘伯承的表现，还运用语言描写和沃克医生的神情变化侧面烘托，使得人物形象更饱满。

【设计意图】语文课就是以课文为范，学习表现人物特点的方法，学会用语文，真正提升语文能力。

四、总结全文，升华情感

师：刘伯承被称为"军神"，绝不仅仅是因为这次手术，他文武双全，戎马一生。
（出示刘伯承成就资料，学生自由读资料）
师：他是中国当之不愧的——"军神"。
（齐读课题）

【设计意图】由点到面了解刘伯承，更容易让学生产生共鸣，紧扣题目。

五、拓展延伸

师：刘伯承还有很多尊称，如"编外参谋""武神""教书先生"等，这些尊称背后又会有一个怎样的故事呢？又有哪些细节描写给你留下很深的印象？请同学们利用课余时间收集有关资料（出示：《刘伯承元帅》《中国元帅的故事——刘伯承》），了解一个更加立体的刘伯承。

【设计意图】在拓展了解各个尊称背后的故事时，引导学生关注描写人物时的语言、动作和神态，内化对"军神"全面的了解，升华对刘伯承的崇敬之情。

《"精彩极了"和"糟糕透了"》教学案例

濮阳市实验小学　彭芳慧

◆ **教学目标**

1. 认识"誉""励"等6个生字。
2. 默读课文，了解父母对同一首诗有不同评价的原因。
3. 针对巴迪父母表达爱的方式，能联系生活实际说出你的看法。

◆ **教学重难点**

通过文章理解父母以不同的方式关爱自己，体会母爱的宽容、和蔼和鼓励，体会父爱的理性、深沉和严格。

◆ **课前准备**

教师制作课件，学生预习课文。

◆ **课时安排**

一课时。

◆ **教学过程**

一、谈话导入

师：生活中，我们经常会听到两种声音，一种是"精彩极了"，另一种是"糟糕透了"，不同的人对同一件事也会有不同的看法。美国的著名作家巴德·舒尔伯格童年时写了一首诗，得到了来自父亲和母亲的不同评价，这是怎么回事呢？今天，我们就走进课文中看一看。跟老师一起读课题——《"精彩极了"和"糟糕透了"》。

二、预习检测，学习字词

（课件出示词语）誊写　鼓励　出版　慈祥　歧途　谨慎

师：通过课前预习，这些词语你们都能读准吗？先自己读一读。

（自由读、小组过关读、小组展示读）

师：生字单独跑来了，你们有什么好方法记住这些生字吗？

（课件出示生字）誉 励 版 祥 歧 谨

生1：我用形近字的方法认识"誊"和"誉"。

生2：我用形声字的方法认识"谨"，组词"谨慎"。

（教师指导书写易错字"誊""谨"）

师：下面请大家用"一字一词"的方法自由读一读吧。

三、朗读课文，了解大概内容

师：把这些生字和词语放回课文中，自由读一读，读准字音，读通句子。

师：（指名分段读课文）其他同学边听边想：课文主要写了一件什么事？

生：课文主要写的是巴德童年时期写了一首小诗，母亲说"精彩极了"，父亲却说"糟糕透了"，这两种不同的评价对巴迪产生了深远的影响，巴迪也从中感受到了来自父母不同的爱。

【设计意图】学生已经具备了独立识字的能力，能够很好地借助工具书对不理解的地方进行检索查阅。教师要正确引导学生在自主学习与交流学习中锻炼他们的语文学习能力。

四、深抓重点句，品悟情感，在对比中体会浓浓的爱

1.品味母亲赞美的爱

（课件出示句子）"母亲一念完那首诗，眼睛亮亮的，兴奋地嚷着："巴迪，真是你写的吗？多美的诗啊！精彩极了！"她搂住了我，赞扬声雨点般落到我身上。

师：自由读一读这句话，你从中读懂了什么？

生：这句话中描写了母亲的语言、神态、动作，可以看出母亲的惊讶、兴奋和不可思议。

2. 感悟父亲如山的爱

（课件出示句子）①"我看这首诗糟糕透了。"父亲把诗扔回原处。②"写得不怎么样，但也不是毫无希望。"

师：从父亲的语言中又可以看出什么呢？

生：从父亲的语言中，我感受到了父亲严厉、批评的爱，以及父亲爱的变化。

（课件出示句子）①我再也受不了了。我冲出饭厅，跑进自己的房间，扑到床上失声痛哭起来。

②根据父亲的批语，我学着进行修改，那时我还未满十二岁。

师：巴迪的诗得到了父亲的否定，刚开始他有什么表现呢？

生：巴迪有些无法接受父亲的严厉批评，心里很难过，所以扑到床上失声痛哭。

师：等巴迪的情绪渐渐稳定下来，又有怎样的表现呢？

生：巴迪开始按照父亲的批语，学着进行修改，说明他已经接受了父亲严厉的批评，正视了自己的短处。

师：大家体会得真好，巴迪就是这样从无法接受父亲的评价到慢慢理解了父亲的良苦用心。

【设计意图】通过品味文章语言，感受来自父亲和母亲不同的爱，并在对比朗读中感悟巴迪心情的变化，边读边赏析，逐步加深对课文的理解。

五、角色体验，交流看法

1. 角色体验，体会巴迪长大后的看法

师：巴迪还小，无法理解父母的良苦用心，那么，长大后的巴迪是如何看待父母的评价呢？老师来当记者，想采访一下作家巴迪：假如你就是创作了几十部作品的巴迪，作为国际知名的编剧和作家，回想父母对自己不同方式的爱，想说些什么？

生：小时候，我很不理解来自父母的两种截然不同的评价，随着年龄增长，我越来越体会到我当初是多么幸运。

师：作家巴迪，请问您为什么觉得幸运呢？

生：一个作家，甚至是生活中的每一个人，都需要来自母亲的力量，这种爱的力量是灵感和创作的源泉。但是仅有这个是不全面的，它可能会把人引入歧途，所以还需要警告的力量来平衡，需要有人时常提醒我："小心，注意，总结，提高。"

【设计意图】以采访的方式，引导学生进行角色体验，深刻体会巴迪对父母的理解和感激。

2. 联系实际，交流看法

师：说得可真好，父母两种不同的声音像两股风不断地向巴迪吹来，从"精彩极了"里，我们读出了这是母亲对"我"的鼓励；从"糟糕透了"中，我们读出了这是父亲对"我"的鞭策。这两种截然相反的评价有一个共同的出发点——那就是爱。那么，你是怎样看待巴迪父母两种表达爱的方式的呢？先自己想一想。

（学生自由思考）

师：谁来谈谈自己的看法？

生1：我觉得母亲的鼓励给了巴迪信心，但是过度的表扬与赞美会使人迷失方向。

生2：我觉得父亲的警告能够督促巴迪做得更好，但是过于严厉的呵斥也有可能让人丧失自信。

【设计意图】结合生活实际，说出内心的真实感受，通过理解文本后的口语表达，再次深化对课文的理解及感悟。

六、布置作业，迁移内化

师：同学们，在你们的生活中有没有遇到过这样的事情呢？比如，在家里得到了爸爸妈妈两种不同的评价，在学校里得到了老师的表扬或批评，这些经历一定让你记忆犹新，以"那一次，我真_____"为题写一写吧，注意要写清人物的心理活动、语言、动作、神态，把人物写活。

《掌声》教学案例

濮阳市实验小学　彭芳慧

教学目标

1. 认识文中的"默""落"等13个生字，正确认读多音字"落""调"，会写"掌""班"等11个生字。

2. 正确、流利、有感情地朗读课文，体会英子的心理变化，体会人物的内心情感。

3. 学习带着问题默读，理解课文的意思，知道人与人之间都需要关心、鼓励，懂得主动关心、鼓励他人，也要珍惜别人的关心和鼓励。

教学重难点

1. 理解课文内容，感受英子在掌声前后的变化。

2. 通过语言和动作的描写来体会英子的心理变化，体会人物的内心情感。

课前准备

1. 师生查找有关小儿麻痹症的资料。

2. 学生预习生字，制作生字卡片。

3. 教师制作多媒体课件。

课时安排

两课时。第一课时，通过预习检测、小组合作等方式，学习本节课的生字新词，并初步感知课文大概内容，梳理课文结构；第二课时，见教学过程。

教学过程

☑ 第二课时

一、回顾交流，导入新课

师：上节课，我们学习了本节课的生字和词语，现在我们来听写词语。（听写完成后，课件出示词语）掌声　班级　默默　腿脚　轮流　投

入　调换　摇晃　热烈　勇气

师：对照大屏幕上的词语，先自己检查。三人小组互相交换。

（学生互换批改、纠错）

二、对比阅读，感受变化

师：通过上节课初读课文，我们看到英子发生了很大的变化，请你默读课文第1自然段，想一想之前的英子是怎样的，画出相关词句。

生1：我找到了这句话——"她很文静，总是默默地坐在教室的一角。上课前，她早早地就来到教室，下课后，她又总是最后一个离开。"从这句话中，我感受到英子的性格很忧郁，没有朋友，不敢跟别人交流。

生2：我找到了这句话——"因为她小时候生过病，腿脚落下了残疾，不愿意让别人看见她走路的姿势。"从这句话中，我明白了英子因为自己残疾而感到自卑。

师：后来英子发生了什么变化？你从哪里感受到的？

生：我从课文第4自然段中（出示第4自然段）看出了英子的变化，她变得更活泼了，也善于跟同学们交朋友了。

师：是什么让英子发生了巨大的变化呢？

生：掌声。

师：同学们送给英子几次掌声？

生：两次。

师：两次掌声是在什么时候发生的，你体会到了什么？读一读课文第2、3自然段，从中找一找答案吧。

（学生画出有关语句，并做出批注）

生1：第一次掌声——英子犹豫了一会儿，慢吞吞地站了起来，眼圈红红的。在全班同学的注视下，她终于一摇一晃地走上了讲台。就在英子刚刚站定的那一刻，教室里骤然间响起了掌声，那掌声热烈而持久。在掌声里，我们看到，英子的泪水流了下来。

生2：第二次掌声——掌声渐渐平息，英子也镇定了情绪，开始讲述自己的一个小故事。她的普通话说得很好，声音也十分动听。故事讲完了，教室里又响起了热烈的掌声。英子向大家深深地鞠了一躬，然后，在掌声里一摇一晃地走下了讲台。

（课件出示以上两段话）

师：英子的心情在这两次掌声里发生了什么变化？你从这两段话中读出了什么？

生1：从"慢吞吞地站""一摇一晃地走"，我感受到英子刚开始是不想站上讲台的，可能她心里有些害怕和慌张，怕同学们笑话她。

生2：我从"英子的泪水流了下来""深深地鞠了一躬"感受到英子心里十分激动。

【设计意图】带着问题默读课文，在反复读的过程中，引导学生联系上下文，结合重点词句，分析英子的人物性格及转变的原因，体会两次掌声的作用。

师：假如你是英子，两次掌声之后你想对同学们说些什么？

生：谢谢大家，是你们的掌声让我重新有了勇气和自信，从此我不再是孤孤单单的一个人了，我愿意和大家成为朋友。

师：如果你也想送给英子掌声，那么你想通过掌声告诉英子什么呢？

生：英子，你真棒！你的普通话说得真好，声音也很好听，我们都很喜欢你。

师：大家都有很多话想说，那就带着你们对英子的祝福读一读自己最喜欢的一段吧。

（学生自由读，展示读）

【设计意图】通过朗读展示的方法，引导学生把课文内容与自己的理解结合起来，加深对内容的体会和感悟。

三、角色转化，讲述故事

师：请同学读英子的来信，说说你明白了什么。

生：我明白了英子感受到了同学们对她的爱和鼓励。

师：如果你是英子，你在信中会怎样讲述这个故事呢？请你依据课文第2~4自然段，自己练习讲一讲吧。

（学生自由讲，指名讲）

师：一次掌声，一种鼓励；一次掌声，一份爱心。希望在生活中，我们都能播撒爱心，帮助他人，也希望每个人都能像英子一样鼓起勇气微笑着面对生活。

【设计意图】通过角色体验练习讲故事，在回顾课文内容的同时，训练学生的语言表达能力。

第二节　说明文教学案例

《一幅名扬中外的画》教学案例

濮阳市实验小学　刘毅

教学分析

《一幅名扬中外的画》是统编教材三年级下册第三单元的第四篇课文。本单元以中华优秀传统文化为主题，编排了三篇精读课文和一篇略读课文，分别从传统节日、纸的发明、古代建筑和古代绘画展示了中华传统文化的魅力。本文是一篇略读课文，课文开头首先整体介绍了这幅画创作的年代、作者和保存情况，然后具体介绍了这幅画上的人物、热闹的街市、桥北头有趣的生活情景，最后概括介绍了这幅画的历史价值，揭示了这幅画名扬中外的原因，激发学生热爱祖国传统文化的情感。

教学目标

1. 能正确、流利地朗读课文。
2. 培养学生运用"图文对照读懂课文"的方法自学课文的能力。
3. 运用本文的写法"围绕一个意思把一段话写清楚"练写一段话。

教学重难点

对照图画，了解课文描写了画面上的哪些内容，感受《清明上河图》的生动传神，激发学生热爱祖国传统文化的情感，围绕一个意思进行句段练习。

🌸 课前准备

学生预习课文并收集有关古画《清明上河图》的印刷品（包括邮票），教师制作课件。

🌸 课时安排

一课时。

🌸 教学过程

一、导入新课

师：同学们，我们的祖国历史悠久，中华民族创造了令世人惊叹的中华文化。今天，我们将从我国灿烂的艺术瑰宝中摘取一颗璀璨的明珠，欣赏它熠熠闪光的风采。这颗明珠就是《一幅名扬中外的画》。

（学生齐读课题）

师：读了课题，你最想知道什么？

生：这是一幅什么样的画？为什么说这是一幅名扬中外的画呢？

师：是呀，这幅画为什么这么有名呢？我们一起来学习。

【设计意图】兴趣是最好的老师。只有学生对课文产生了浓厚的兴趣，才会积极阅读、静心思考。因此，紧扣重点词和课题质疑正是为了激发学生阅读的兴趣。

二、预习检测

师：同学们预习了课文，下面的两组词语，你会读吗？试着读一读吧。

（学生以开火车的形式读第一组词语，教师对学生读错的词语随时正音）

（课件出示）张择端　厘米　汴梁　保存　撑船　摊贩　官吏　毛驴　悠闲　拽住　惊扰　形态各异

（指名读第二组词语，教师对学生读错的词语进行正音，指导多音字的读音）

（课件出示）作坊　溜达　一乘

师：同学们读得很不错，老师为你们点赞。

【设计意图】处理字词，指导易错字和多音字的读音，夯实字词基础，为读正确、读流利做铺垫。

师：大家对这些字词掌握得很好，不知道大家的课文读得怎么样？现在检查最长的一个自然段——第4自然段，我请名同学读一读。

（学生读第4自然段）

师：现在三人小组合作读第4自然段，如发现组员读错字音时，要帮他纠正。

（学生三人小组合作读）

【设计意图】无论是精读课文还是略读课文，读熟课文是感悟作者情感的基础，对于篇幅较长的课文，检查时不必面面俱到，一个重点段就可以达到管中窥豹之目的。

三、初读课文，整体感知

师：请同学们通读课文，借助拼音把字词读正确。

师：请大家边读边想这幅名扬中外的画指的是哪幅画呢？作者是谁？课文描写了画面上的哪些内容？

生1：这幅名扬中外的画指的是《清明上河图》。

生2：作者是我国宋代画家张择端。

生3：画面的内容很丰富，课文主要介绍了行业众多的人物、热闹非凡的街市和桥北头的具体情景。

【设计意图】汇报初读收获，为品读课文唱响前奏曲。

四、品读课文，激发情感

师：请大家欣赏这幅名扬中外的画。

（出示配乐视频《清明上河图》，教师解说）

师：自由观赏，说说你感受到了什么？

生：人物众多，街市热闹，情景有趣。

师：请同学们对照课文插图快速找一找，课文哪几个自然段具体描写了画面上的内容？

生：第2~4自然段。

师：请从第2~4自然段中选择最感兴趣的一个自然段学习，想想这段主要写了画面上的什么？

生1：从第2自然段语句"三百六十行，哪一行的人都画在上面了"体会到画面上的人物众多，张择端画技很高超。

生2：从第3自然段语句"画面上的这些人，有的不到一寸，有的甚至只有黄豆那么大。别看画上的人小，每个人在干什么，都能看得清清楚楚"体会到画的内容如此丰富，张择端的画技如此高超。

师：老师朗读第4自然段，请同学们闭目想象仿佛看到了什么，听到了什么，体会"张择端画的画，是多么传神啊"。

（老师读，学生听）

师：在张择端的这幅画中像这样有趣的生活情景还有很多，看到桥底下的一艘船了吗？

（出示PPT，教师解说）

师：通过老师上面的讲述，相信大家对第2~4自然段的内容比较了解了，请大家用自己喜欢的方式读读这三个自然段，读出人物的众多、街市的热闹和生活情景的有趣。

（学生读课文）

师：因为这幅画画得非常传神，我们能透过画中的内容看到八百年前的人们是怎样生活的，所以它被称为宋代的百科全书，被称为一幅名扬中外的画。书上是怎样评价的呢？让我们一起来读一读最后一个自然段吧。

（学生读最后一个自然段）

师：中外名人又是怎样评价这幅画的？

（在学生说的基础上，PPT出示中外评价，指名朗读）

【设计意图】《清明上河图》这幅画远离学生的生活，因此借助视频拉近距离，用图文对照的方法和想象的方法引导学生感悟画家高超的绘画技艺。通过这样的方式讲授，学生既读懂了文本又感悟到了中华传统文化的魅力。学生在心田累积的不仅是画面、是文字，更是文化的积淀，从而达到培养学生热爱祖国传统文化的目的。

五、内化情感，总结全文

师：同学们，今天我们欣赏了这样一幅画技精湛的画，读懂了这么有趣生动的课文，此时，你有什么想说的吗？

（引导学生想一想、说一说）

师：这里有一首小诗，老师愿与大家共勉。

历经风雨八百年，繁华古都在眼前。

千姿百态众生相，尽在绵绵画中藏。

扬名海外震国威，惊世绝技人人赞。

师：同学们，《清明上河图》是我们的国宝，在2010年的上海世博会上，它被制作成三维电子版在中国馆展出，今天我们借助多媒体近距离地欣赏了这幅画，通过学习我们了解了这幅画的内容，体会到作者画技的高超。这幅宝画现存放在故宫博物院里，大家有机会可以去北京亲眼看看这幅稀世之作。

【设计意图】内化文本，激发自豪之情。

六、学习写法，拓展练笔

师：请同学们快速阅读第2、3自然段，看看这两段在结构上有什么特点？

生：围绕一个中心意思写清楚、写具体。

师：对，每段围绕一个中心来写。那么，请同学们画出这两段的中心句，再看看第2、3自然段是怎样围绕中心写具体的？

生：采用了"有……有……有……"这种句式。

师：现在请大家也采用"有……有……有……"这种句式，围绕画上的一个内容练习写一段话，要写清楚、写具体。

（学生展示，教师评价）

【设计意图】学生由读到写，读写结合，真正达到了学以致用的目的。

《赵州桥》教学案例

濮阳市第二实验小学　王红震

教学分析

《赵州桥》是统编教材三年级下册第三单元以中华优秀传统文化为主题的一篇精读课文。课文开头首先交代赵州桥的地理位置、设计者及建造年代；然后重点介绍了赵州桥的雄伟、坚固，同时还介绍了赵州桥的美观特点；最后总结了赵州桥的历史价值。全文结构清晰、表述准确，通过对赵州桥设计特点的说明，赞扬了我国古代劳动人民的智慧和才干。

教学目标

1. 学会生字新词，能正确、流利、有感情地朗读课文。

2. 理解第3自然段是通过列举桥栏上雕刻着的图案把"桥的美观"写清楚的，并正确抄写这一自然段。

3. 通过课文的学习，培养学生的观察力、想象力和口语表达能力。

4. 能用给定的词语向别人介绍赵州桥，感受我国古代劳动人民的智慧，从而激发学生的民族自豪感。

教学重难点

积累语言的同时，学习课文是怎么围绕一个意思把一段话写清楚的。

课前准备

教师制作多媒体课件。

课时安排

两课时。第一课时，在老师的引导下学习课文第1、2自然段，自主学习字词。第二课时，见教学过程。

教学思路

教学本课时，从整体入手，通过看图导入新课，初识赵州桥；初读课文，整体感知课文大意；细读课文，了解自然段主要内容；精读课文，理解内容，引导学生围绕单元语文要素"了解课文是怎么围绕一个意思把一段话写清楚的"。抓住关键的词语和句子，比如"创举""这座桥不但坚固，而且美观"，引导学生重点理解与体会"是怎样把赵州桥的'美观'写清楚的"。以帮助学生深入理解课文的内容和学习表达方法，感受我国劳动人民的智慧。最后，创设情境，引导学生运用给定的词语介绍赵州桥。

教学过程

☑ 第二课时

一、复习旧知，检查巩固

师：同学们，上节课我们初读了课文，学习了生字词语，现在检测大家对字词掌握情况。（大屏幕上出示词语）你能准确认读吗？

（学生读）

师：同学们做到了认读字音准确。为大家点赞！

师：我们还了解了《赵州桥》的概况、特点及历史价值。请你借助有关词语，说一说赵州桥的设计特点。

（课件出示）赵州桥非常_____，长_____，宽_____。这么长的桥，全部用石头砌成，下面没有_____，只有一个_____，大桥洞_____，还各有_____，这种设计，在建桥史上是_____，既减轻了_____，使桥不容易_____，又减轻了_____，节省了_____。

师：这节课，我们继续学习课文，一同欣赏赵州桥的魅力。

【设计意图】复习字词，填空练习，温故而知新，引入课文学习。

二、精读课文，深入感悟

1. 学习第 3 自然段

师：请大家朗读第 3 自然段，思考以下两个问题：这个自然段共有几句话？第一句写了什么？

生 1：这个自然段共有三句话。

生 2：第一句写了赵州桥不但坚固，而且美观。

师：同学们，第一句话在文中起了什么作用？可以把自己的想法在小组内交流一下。

（小组合作交流、讨论）

生：课文第3自然段是围绕"赵州桥不但坚固，而且美观"来写的。"坚固"二字总结了上一段的内容，"美观"二字说的是该段要讲述的内容。

师：是的，像这样在文中起承上启下作用的句子，就是过渡句。这样的表达方式使文章结构显得更清楚了。

生：我明白了，以后我要学着用一用这样的句式。

师：本段是怎样写出赵州桥美观的？请同学们默读课文，圈一圈有关词语。

生：通过栏板上雕刻着精美的图案来描写赵州桥美观的，使用了"相互缠绕""相互抵着""回首遥望""双龙戏珠"等词语。

（出示三种龙的不同姿态的图片）

师：请同学们欣赏图片，想象画面，做一做动作，并说一说龙的图案。

生：这些龙似乎都在游动，活灵活现、栩栩如生。

师：看大家都在啧啧赞叹！请你们带着赞美再读一读课文表现美观的句子。又有什么发现？

生：我发现作者用"有的……有的……还有的……"的句式把桥的美观写清楚了。

师：读得真仔细！这种句式让我们感受到很多种龙的图案。

师：如果让你来做小导游，用上这样的句式，你会怎样介绍呢？

（同桌练习说一说，教师巡视说的情况）

师：通过观察大家说的情况，发现你们都能讲述清楚，表达流畅！用"有的……有的……还有的……"还可以说什么呢？

生1：天空中的云朵千姿百态，有的像奔跑的骏马，有的像展翅飞翔的老鹰，还有的像软软的棉花糖。

生2：广场上的白鸽，有的在悠闲地散步，有的在寻觅食物，还有的在空中自由飞翔，可爱极了，引得游人纷纷驻足欣赏。

【设计意图】通过朗读、抓关键词语、想象画面，进而体会课文是如何把赵州桥的美观写清楚的。感受课文围绕一个意思写具体的好处。引导学生当小导游练习说话，并学以致用，提升表达能力。

2. 学习第 4 自然段

师：请同学们回顾课文，说说什么地方体现了劳动人民的智慧和才干，告诉我们赵州桥是宝贵的历史文化遗产？

生1：建桥年代久远，至今已有1400多年。

生2：赵州桥设计独特，坚固、美观，是建桥史上的一个创举。

师：是啊，赵州桥不仅体现了我国劳动人民的智慧和才干，而且还是我国宝贵的历史文化遗产。

师：请大家朗读最后一个自然段，读出自豪的感情。

【设计意图】回顾内容，结合生活，发挥想象，读出心中的自豪。

三、朗读课文，回顾总结

师：请同学们带着自豪感朗读课文，完成下列填空。

（课件出示）这篇课文讲的是(　　　)的赵州桥，既(　　　)又(　　　)，它的建造是建桥史上的一个(　　　)，充分体现了我国劳动人民的(　　　)和(　　　)。

生：这篇课文讲的是历史悠久、世界闻名的赵州桥，既坚固又美观，它的建造是建桥史上的一个创举，充分体现了我国劳动人民的智慧和才干。

【设计意图】概括课文内容，起到总结、回顾全文的作用。

四、创设情境，表达练习

师：请同学们认真读课文，说说赵州桥的"世界闻名""雄伟""创举""美观"分别表现在哪里？

生1：赵州桥的雄伟体现在"这么长的桥，全部用石头砌成……"

生2："没有桥墩，只有一个拱形的大桥洞，横跨在三十七米多宽的河面上"，这种设计在建桥史上是一个创举，既坚固，又美观。

生3：赵州桥美观的特点体现在桥面栏板上雕刻着精美的图案。

师：大家都能抓住重点进行说明，下面请同桌练习互相介绍赵州桥的设计和美观特点吧。

（同桌互相介绍）

师：通过互相介绍，相信大家对课文内容更加了解了。假如你是小导游，你会如何向游客介绍赵州桥，吸引他们来参观呢？老师给大家准备了一份导游词的开头和结尾（课件出示示例），参考例子，你们也试着说说导游词的开头和结尾吧！

开头：大家好！欢迎来到赵州桥。

结尾：赵州桥体现了劳动人民的智慧和才干，是我国宝贵的历史文化遗产。请细细观赏，祝旅途愉快！

师：同学们，先以小导游的身份在组内练说，我们推荐出班级优秀小导游，好吗？请同学们认真倾听，一起评价哦。

（师生评价。评价标准：赵州桥的特点是否介绍清楚，语句是否连贯，态度是否自然大方等）

【设计意图】开展这个活动的目的是培养学生重组信息的能力，同时锻炼学生的口语表达能力，使其通过语言实践活动进一步感受中国古代劳动人民的智慧和才干，增强文化自信心。

五、作业设计

师：今天的作业有两项（课件出示），第 2 项作业，回家之后可以先和自己的爸爸妈妈或爷爷奶奶交流一下，然后有针对性地查找资料。

1. 正确抄写课文第 3 自然段。

2. 有兴趣的同学，可查找相关的资料，就我国宝贵的历史文化遗产进行交流。

第三节　诗歌教学案例

《怎么都快乐》教学案例

濮阳市实验小学　彭芳慧

教学目标

1. 认识"怎""独"等13个生字，读准多音字"得"，会写"玩""很"等7个生字。

2. 学习联系上下文初步理解"独自""静悄悄""有劲"等词语的意思，结合生活实际积累"跳绳""踢足球"等词语。

3. 正确、流利地朗读诗歌，在反复朗读中感受诗歌的情趣，体会生活中处处有快乐。

教学重难点

1. 识字写字，朗读课文。

2. 理解课文内容，体会童年生活的快乐。

课前准备

教师准备生字卡片、制作课件，学生预习课文。

课时安排

一课时。

教学过程

一、谈话导入，激发兴趣

师：同学们，你们在课间都喜欢做什么？

生：做各种游戏、讲故事、读书、做运动……

师：做游戏很快乐，读书也很快乐，大家一起玩更快乐，怎么都快乐。今天我们一起学习《怎么都快乐》，伸出小手跟老师一起写课题。

师：谁来读课题？请你来。

（学生读课题）

【设计意图】依据低年级学生的认知特点，从学生最感兴趣的课间游戏为切入点引导学生进入新课学习，整节课以"快乐"为题，容易激发学生的学习兴趣。

二、预习检测，识字学词

1. 检查词语

师：课间游戏真快乐，老师把这些令人快乐的事情请到我们的课堂上，你们认识他们吗？

（出示带拼音的词语）折船　折马　跳绳　搭积木　看书　画画　听音乐　讲故事　下象棋　打羽毛球　坐跷跷板

（引导学生自由读、三人小组过关读、小组展示、开火车读）

师：读完短语，你们有没有发现这些词语有什么特点呢？

生：每个短语的第一个字都是动词。

师：像这样的词语你还知道哪些？

生：看报纸、写作业、洗衣服、跳皮筋、打排球、捉迷藏。

2. 识记生字

（出示带拼音生字"独"）

师：谁来读？请你来。

（学生读）

师：去掉拼音，谁还认识？

（指名学生读）

师：你是用什么方法认识它的？

生：我是用加一加的方法认识它的，"犭"加"虫"就是"独"。

师：好，很不错，记忆有方法！下面我们看看它在课文中是如何出现的。

（出示文中词"独自"，指名读、领读）

（出示文中句"独自一个，静悄悄的"，指名读、领读、齐读）

师：大家看"跳"的偏旁是什么，猜一猜"跳"这个字和什么有关？

生："跳"的偏旁是足字旁，与脚有关。

师：那你能用同样的方法认识"绳""排""篮""球""讲"5个字吗？跟同桌交流一下吧。

（指名读、小组合作读、开火车读）

师：像这样的字叫作形声字，偏旁代表字的意义，声旁代表字的读音。

师：文中还有一个多音字"得"，你们能给它组词吗？

（指名说，齐读）

师：下面我们进行小组开火车读字组词的比赛，一字一词，看哪个小组最棒！

3. 检查课文朗读

师：课前预习时，大家都已经读过课文了，现在请同学们在小组内轮读课文，注意互相纠正读音。

（小组内轮读课文）

师：哪个小组来展示？

（小组展示读，相机正音）

师：大家都想展示，那我们来进行小组比赛，要求：读准字音，读通句子，读好停顿，读出感觉。哪个小组想参加？

（小组比赛读课文，教师点评）

【设计意图】此环节是针对学生的课前预习进行检测，并根据学生的掌握情况适时加以指导。检查预习时，依据汉字本身的规律，进行了有坡度的设计，让学生用自己感兴趣的方法进行识记。在认读生字时，要结合文中词语和句子来整体识记，保证了学习的系统性。

三、指导朗读，读出诗歌的节奏和情趣

1. 指导朗读第 1 小节

师：听着你们的朗读，老师也想读一读感受其中的快乐呢！下面老师先范读，然后我会请一名同学再读，请大家认真听老师读第 1 小节，注意停顿哦。

（教师范读，指名读）

师：请你们都学着老师的样子自由读一读第 1 小节，注意读好句子的停顿。

（学生读第 1 小节）

师：同学们，在你们读课文的时候，有不理解的词语吗？

生：我不明白"独自"和"静悄悄"是什么意思？

师：谁来帮帮他？

生1：联系上文，我觉得"独自"就是"一个人"的意思。

生2：我觉得"静悄悄"就是很安静的意思。

师：是啊，周围很安静，你独自享受着这安静的时刻，多么珍贵的独处时光啊！那我们就通过朗读一起感受这份安静吧。

2. 指导朗读第 2 小节

师：一个人玩很有意思，两个人玩也很好，谁来读一读第 2 小节，注意读好停顿。

（指名读课文）

师：（出示"讲故事得有人听才行"）这句话的停顿读得真好！请你带着同学们再读两遍。

师：两个人可以下象棋、打羽毛球、坐跷跷板，还可以干什么呢？

生：猜拳、掰手腕……

3. 指导朗读第 3、4 小节

师：三个人玩又有怎样的乐趣呢？谁来读一读第 3 小节。

（指名读）

师：(出示"讲故事多个人听更有劲")这句话该如何停顿,谁来读一读?

(学生读,教师相机指导)

师：什么叫"有劲"呢?

生：和小伙伴们一起玩很有意思、很有趣,所以"有劲"就是"有意思、有趣"。

师：多么快乐的童年时光啊,越来越多的小朋友想加入我们的队伍,来,一起读一读第4小节吧。

(学生齐读)

师：通过读第4小节,你们感受到了什么?

生1：和朋友在一起玩很有趣。

生2：一个人很好,很多人玩也很好。

(课件出示)跳绳　踢足球　讲故事　听音乐　打排球　玩游戏

师：看这些游戏你喜欢吗?自由读一读吧。

师：你还喜欢做什么呢?跟同桌交流一下吧。

【设计意图】此环节是在学生把课文读正确的基础上,边读边赏,指导学生读出节奏,并感受诗歌的情趣。在读的过程中,引导学生联系上下文初步理解词语,"联系生活,理解词语"对一年级学生是有难度的,所以在读的过程中还要引导学生根据课文内容发散思维练习说话,与自己的生活经验联系起来,有助于学生理解词语。理解词语之后更能加深学生对诗歌内容的感悟,从而感受诗歌的情趣。

四、学生展示朗读

师：带着你的感悟再读一读课文吧。

(学生自由朗读)

师：谁来分享一下你最喜欢的一个小节?

(指名朗读自己喜欢的一个小节,老师相机评价)

【设计意图】此环节重在学生的朗读展示和评价,是对课文中的生字、短语、长句子是否读正确的再次检测,更是对学生能否读出诗歌节奏、感受诗歌韵味的检测,能准确把握学生对这节课的掌握情况。教师根据学生朗读情况做出适当评价，再次激发学生朗读的兴趣。

五、指导书写生字

1. 指导书写"讲""许"

师：要想把字写漂亮，可别忘了观察小锦囊，一看结构，二看占格，三看关键笔画。仔细观察"讲""许"这两个生字，你们发现了什么？

生：我发现这两个生字都是左右结构，左窄右宽，偏旁都是言字旁。

师：谁来补充？

生1：我还发现"讲"字第四笔横要写在横中线上，第五笔竖撇要写在竖中线上。

生2：我发现"许"字第五笔横也要写在横中线上。

师：提醒得真到位，那我们就按照同学们的提醒一起来写一写这两个生字吧。

（教师范写）

师：请你们在课本上描红一个写一个吧，注意写字姿势、握笔姿势。

（学生练写，教师点评，学生修改）

2. 指导书写"很""行"

师：再观察"很""行"这两个生字，有什么相同点和不同点？

生：它们的偏旁都是"彳"。

（重点讲解并示范"行"的写法，教师范写，学生描、写，教师点评）

3. 指导书写"玩""当""音"

师：请按照你学到的观察方法，自主观察"玩""当""音"这三个生字，然后写一写吧。

生：我提醒同学们"玩"字的王字旁上紧下松，下横作提。

（教师范写，学生练写，教师点评）

【设计意图】此环节是随堂练字环节，在日常书写中，要不断加强学生的练字意识，讲究练字效果。生字归类指导能够引导学生有意识地注意生字的结构、关键笔画的书写。写前观察帮助学生把汉字的书写重点记在心里，写后评价及时指出书写不足，帮助学生改正并提高。

《听听，秋的声音》教学案例

濮阳市实验小学　于文玲

教学目标

1. 会认本课的 9 个生字。
2. 通过多种方法理解难懂的词语。
3. 有感情地朗读诗歌，一边读一边想，感受秋天的美好。

教学重难点

秋的声音是什么？仿照诗歌内容，补写几句诗文。

课前准备

教师制作课件，学生注意聆听大自然的声音。

课时安排

一课时。

教学思路

本课为略读课文，而且是一首文字隽永的小诗，学生通过前面精读课文的学习，已基本掌握了理解词语的方法。本课的学习意在让学生通过多种形式的朗读，感悟诗的美好和秋天的美好，学习作者用丰富的想象描写秋天的方法。

教学过程

一、图画导入，激发兴趣

师：同学们，老师给大家带来了几张图片，猜一猜这是什么季节？

生：秋天。

师：秋天是一个多姿多彩的季节，不仅有五彩斑斓的颜色，有香香甜甜的味道，还有美妙的声音呢，今天我们一起听听秋的声音。

师：请大家读课题，注意课题中的逗号，要停顿一下。大家试着读一读。

二、初读课文，检测字词

师：请同学们自由朗读课文，注意读准字音，读通句子，难读的地方多读几遍。

师：下面我要检测预习的情况。

（出示第一组字）抖　振　掠

师：这些字有什么特点，你们可以用什么方法记住这些字？

生：这些字都是左右结构，都有提手旁。

（出示第二组字）吟　辽阔　蟋蟀　韵

师：大家是怎么记住这些字的？

生："蟋蟀"是一种昆虫，所以是虫字旁，右侧表示声旁。

师：谁听过蟋蟀的叫声？那谁来模仿一下？

生：噢噢（qū）。

师：像这样的一边表示声音，一边表示意思的形声字还有哪些？

生：蜘蛛、蜻蜓、螃蟹、蝴蝶、蚂蚁。

师：读读"噢噢"的字音，学一学它的叫声。

（小组过关，读准字音）

【设计意图】三年级的学生学习生字，可以抓住某一类的词语加强指导，教给学生学习的方法，如做动作、模拟声音等，通过学生喜闻乐见的方式学习字词，激发学生的学习兴趣。

三、多种方法，理解词语

（出示词语）叮咛　道别　辽阔

师：读一读这些词语，想一想用什么样的方法理解它们的意思？

生1："叮咛"就是嘱咐，可以用找近义词的方法理解。

生2："道别"，文中的"告别"一词，是它的近义词。

生3："辽阔"就是广阔，可以联系旅游时看到辽阔的草原进行理解。

师：文中"辽阔透明的音乐厅"指什么？

生：大自然。

师：大家基本上都理解了词语的意思。到底都学会了没有，咱们进行手拉手的游戏，（课件出示词语）你们能否把下列词语与它相对应的意思拉起手吗？

  道别   反复地嘱咐。

  叮咛   广阔。

  辽阔   辞行。本课指黄叶离开了大树。

【设计意图】本单元的语文要素是理解词语的意思，对于三年级学生来说是学习的重点和难点。教学时，我们采用查字典、联系生活实际、换一换词语的意思等方法巩固这一语文要素，让学生真正掌握理解词语的方法，然后让学生用连线的方式强化巩固。

四、品读释疑，赏读感悟

师：刚才我们已经与秋天的声音有了一次亲密的接触了。现在，谁愿意用优美的朗读带领大家去听听秋的声音呢？找到你喜欢的那一节，认真读一读吧。

师：你最喜欢的是哪一小节，为什么？

生：我最喜欢第1小节，因为我觉得黄叶铺满大地的景色很美。

师：我也喜欢黄叶铺满大地的景色，咱们先来学习第1小节。

师：大家边读边想，你仿佛看到了什么，听到了什么？想象一下当时的场景。

生：我好像看到黄叶从树上一片一片落下来，依依不舍地看着大树，好像说"谢谢你给了我生命，让我为人类做出了贡献"。

师：朗读的时候把这种依依不舍的情感表现出来。

师：作者运用了什么表达方法让我们感受到它们这种情感的呢？

生：拟人。

师：大家回忆一下学习本段的方法是什么？

生：想场景，悟方法，感情读。

师：下面咱们就用这样的方法学习第2小节。读一读第2小节，想象一下当时的场景？

生：我好像听到蟋蟀发出"曜曜"的声音，是那么动听。

师：在这美丽的秋天里，大雁也飞往南方过冬去了。大雁会对它的朋友叮咛些什么呢？

生1："你慢慢地飞，咱们明年再见。"大雁说。

生2："今年是个丰收年，农民伯伯在忙着收割。"秋风说。

师：生活中谁叮咛过你？早上，当你背起书包上学时，当天气变凉时，妈妈是怎样叮咛的？当你参加学校的比赛时，老师是怎样叮咛的？下面我们进行模拟表演？我是学生，你是妈妈。

师：妈妈，我要上学了。

生：孩子，天气凉了，你再多穿些衣服吧。

师：妈妈，没事，我不穿。

生：快点穿上，要不会感冒的。感冒了很难受，还要吃药打针。

师：好，好。我穿上。

师：我们表演得怎么样？

（学生开始鼓掌）

师：谢谢大家的掌声。

师：下面同桌合作，模拟参加比赛时，老师是怎样叮咛你的？

师（小结）：通过表演，我们是不是更加理解了"叮咛"一词的意思？联系生活实际，能够帮助我们理解词语的意思。如果我们遇到不理解的词，可以用这个方法帮助我们。

师：那大雁又会对它的好朋友留下些什么话呢？

（出示句式）大雁对（　　）说："＿＿＿＿＿＿＿＿＿＿。"

师：我们也来学学大雁、秋风和我们的朋友说一说吧！（可以仿照第1、2小节的诗句来说。）

生1：听听秋的声音，大雁追上白云，嘎嘎，洒下一阵暖暖的叮咛。

生2：听听秋的声音，秋风掠过田野，哗哗，送来一片丰收的歌声。

（让学生变换形式试练一遍）

师：在这美丽的秋天里，落叶离开了树妈妈的怀抱，蟋蟀唱起了离别的歌，大雁飞到南方过冬去了，稻田里一片金黄，稻子压弯了腰，高粱涨红了脸，秋天的一切是多么美好！下面，就让我们美美地来读一读这些诗句吧!

（课件展示，学生朗读）

师：在大家的朗读中，我们一起走进了秋天，走进了这辽阔的音乐厅，这神奇的大自然，秋天的声音无处不在。我们再好好去听听，你还能听到哪些秋的声音呢？

生1：我能听到秋雨淅淅沥沥的声音。

生2：我能听到呼呼的秋风。

生3：我能听到收割机的轰鸣声。

师：是啊，秋的声音，还有好多好多，在……

（引读第5小节，出示课件）

师：这一小节作者没有具体写出他们的声音，可是却让我们感受到秋天美妙的声音，作者采用了什么写作方法？

生：排比。

师：这一小节的写法与前面的写法不同，但是都表达了作者对秋天的喜爱之情。一起朗读全文。

师：听听，我们听到了秋的声音，我们心中是多么高兴呀！让我们再拿起书，采用男生、女生赛读的形式来表达我们心中的喜悦吧！

【设计意图】这首诗意境深远，读起来朗朗上口，学生通过朗读感悟诗的内容，想象诗描绘的画面，用诗中的语言形式说一说生活中想到的场景。这样让学生从文字中走了一个来回，既了解了诗意、感悟了诗情，又学会了运用，真是一举多得。

五、拓展延伸，仿写秋的声音

师：这节课我们听到了很多秋天的声音，请想一想，秋天还有什么声音？你能不能也仿照作者描写秋声的方法，写一写你听到的大自然的声音。下面同学们进行诗歌比赛，看谁把秋天的声音写得最美妙、最动人。可以仿照书上的格式，也可以独创自己的格式。可以写一个小节，也可以写多个小节。

（学生习作展示，师生评价）

【设计意图】学生由读到写，由学习诗到仿写诗，真正达到了学以致用的目的。采用比赛的方式，激发了学生创写的兴趣，同时给不同层次的学生提出不同的要求，满足了学生的个性化发展。

《童年的水墨画》教学案例

濮阳市实验小学　丁喜云

教学目标

1. 正确认读"染""墨"等6个生字，会写"染""爽"等10个生字。
2. 有感情地朗读诗歌，在朗读中体会诗歌描绘的画面。背诵《溪边》。
3. 运用联系上下文的方法理解诗句，感受童年的美好。

教学重难点

引导学生独立阅读课文，体会儿童丰富的想象力，感受童年生活的快乐，激发学生读诗的兴趣。通过品读，领会儿童诗表达的特点。

课时安排

两课时。第一课时，见教学过程。第二课时，在老师的引导下复习《溪边》《江山》，学习《林中》。

教学过程

☑ 第一课时

一、导入新课

师：同学们，这节课老师带来几幅画，大家一起来欣赏一下。（课件出示几幅水墨画）大家知道这是什么画吗？

生：水墨画。

师：对，这就是水墨画，大家看这些画都有什么特点？

生1：用水墨画的。

生2：颜色都是黑、白两色。

师：是的，水墨画就是这样，笔法简单、效果传神。今天，我们就来学习一组具有水墨画特点的诗歌，来齐读课题——《童年的水墨画》。

（学生读，教师板书课题，写到"墨"字时，提示学生写的时候上面的"黑"要大一些、下面的"土"要小一些）

师：从题目看，你们觉得这三首诗写的都是什么内容呢？

生：童年的水墨画，描绘的是童年生活。

师：真是会思考的孩子。下面，我们正式走进诗歌。

【设计意图】由水墨画导入，让学生由水墨画的特点进入诗歌的写作特点，激发学生的学习兴趣。

二、预习检测，指导朗读

师：课前同学们都已经预习过了，那么下面的生字词大家能读准吗？

（课件出示）染绿　扑腾　钓竿　碎了　当作

（教师指名读）

师："扑腾"这个词，在这里读一声，连起来读一下"扑腾一声"。"当作"应读"dàng 作"。

师：生字都认识了，来看下要求写的生字。

（课件出示）墨　染　竿　碎　浪　葫　爽　针　蘑　菇

师：大家认为哪个字不好写？

生：碎、爽。

师：你觉得写的时候需要注意什么？

生1："碎"字左短右长，最后一笔上面不要写太长。

生2："爽"字要注意笔顺，"大"字竖撇略长，捺起笔低，"乂"要紧凑。

师：下面同学们在写字本上练习写两遍这几个字。

（学生自由练写）

师：生字词同学们都学会了，现在谁来读一读课文？

（教师指名读）

师：读得字正腔圆。咱们一起读一读吧。

（师生合作读，教师读题目，学生读诗歌内容）

【设计意图】三年级的学生已具备初步的预习自学能力，认识生字、理解词语都是学习文章的基础。教师的检查非常有必要，对于学生易读错的字能够及时予以强调和纠正，另外，读熟诗歌是理解诗歌的基础。

三、初读，读懂诗歌内容

师：大家读一读这三首小诗的题目，发现什么了吗？

生：题目都表明了地点。

师：下面同学们再自由读一读、想一想，三首小诗分别描写了谁在溪边、江上、林中干什么？你从哪句诗中读出来的？小组内可以先讨论，然后以小组为单位进行汇报。

（小组交流、汇报）

生1：第一首诗描写了孩子在溪边钓鱼，可以从"钓竿上立着一只红蜻蜓"读出来。

生2：第二首诗描写了几个孩子在江上游泳，可以从"像刚下水的鸭群""你拨我溅笑哈哈"读出来。

生3：第三首诗描写了雨后小朋友来林中采蘑菇，可以从"是谁一声欢叫把雨珠抖落"读出来。

【设计意图】借助关键词读懂诗歌内容是中年级必备的语文能力，有了对诗歌的整体把握，才能更好地感受诗歌描写的画面。

四、品读《溪边》，自学《江山》

师：人们常说，我们中国的诗歌是"诗中有画，画中有诗"。大家自由读 读《溪边》这首诗，看看这首诗都描绘了什么景物？

生1：垂柳、溪水、人影、钓竿。

生2：红蜻蜓、草地、鱼儿……

师：画中有这么多景物，谁能用一两句话来说一说，你在溪边看到了什么样的画面呢?

生：清澈见底的小溪边，垂柳正把溪水当作镜子梳妆打扮，溪水清绿，人影也被染绿了，小朋友正在溪边钓鱼，忽然，鱼上钩了，小朋友非常高兴，在草地上蹦跳着。

师：你说的画面很美，很有趣，这里有一句："人影给溪水染绿了。"谁能说说是怎么回事吗?

生：联系上文"山溪像绿玉带一样平静"可以知道，溪水很绿，人坐在溪边钓鱼，影子也变成绿色的了。

师：真是个会思考的孩子。现在，我们一起带着想象再把这首诗读一读吧!

（学生有感情朗读，读出画面感）

师：刚才我们通过联系上下文、想象画面的方法学习了《溪边》，下面就请同学们运用刚才的方法，自学《江上》。

师：请看学习提示，自由读，说一说，你都看到了什么?

（学生自由读，做批注）

师：《江上》写了什么?

生1：游泳。

生2：戏水。

师：你仿佛看到了什么样的画面?

生：我仿佛看到了一群小朋友在江中玩耍，他们不停地拨动浪花，十分快乐。

（指导学生朗读，读出水中欢乐的情景）

五、拓展阅读

师：这节课，大家运用联系上下文、联系生活实际、边读边想象的方法读懂了两首小诗。《童年的水墨画》原文有6首小诗，剩下的3首分别是《街头》《花前》《树下》。请同学们运用这节课学到的方法，说一说你在街头、花前、树下分别看到了什么样的画面?

生1：（《街头》）一个孩子在街头读《水浒传》，他看得很专注，尽管街头很喧闹，却丝毫影响不到他，时间一点一滴过去，他浑然不觉。

生2：(《花前》) 一个孩子正在花前画花，他边观察花朵边画，有一只蜜蜂从花间飞来，绕画飞了一圈，好像闻到了画里花的香味，说明小朋友画得太像了。

生3：(《树下》) 写了一群孩子在树下跳舞唱歌，阳光也扒开叶缝悄悄地看，大树也为他们鼓掌的情景。

【设计意图】学习运用联系上下文、联系生活实际、边读边想象画面的方法进行拓展阅读，以达到学以致用的目的。

第四节　童话教学案例

《小公鸡和小鸭子》教学案例

濮阳市实验小学　彭芳慧

教学目标

1. 会认"块""捉"等 12 个生字和提土旁、足字旁两个偏旁，会写"他""河"等 7 个生字。

2. 正确、流利地朗读课文，读好小公鸡和小鸭子的对话。

3. 了解小公鸡和小鸭子不同的生活习性，感受小伙伴之间团结友爱、互相帮助的美好情感。

教学重难点

1. 联系上下文理解"偷偷地""飞快地""吃得很欢""急得直哭"等词语的意思，初步体会这些词语的用法。

2. 读好小公鸡和小鸭子的对话。

课前准备

教师准备生字卡片、制作课件，学生预习课文。

课时安排

两课时。

教学过程

☑ 第一课时

一、谈话导入，激发兴趣

师：（出示小公鸡和小鸭子的图片）同学们，今天我们的课堂上来了两位好朋友，它们是——小公鸡和小鸭子。它们之间发生了什么有趣的事情呢？我们一起走进课文中去看一看。伸出小手，请和老师一起板书课题，齐读课题。

师：小公鸡和小鸭子在做什么呢？请你自己读一读这句话（出示第1自然段）。谁来展示？

生：小公鸡和小鸭子一块儿出去玩。

师：你把"一块儿"读准了，真棒！看这个"块"字，你是用什么方法认识它的呢？

生：我用换一换的方法，"快"的竖心旁换成提土旁就是"块"。

师：预习得真好，"块"的偏旁就是提土旁。你能给它组词吗？

生：石块、木块、一块儿。

二、预习检测，读准课文和生字

1. 读准课文

师：先听老师读一读课文，注意听字音和断句哦。

（学生自由读课文，三人小组过关读，指名读）

2. 读准词语和短语

（出示文中词）一块儿　捉虫子　小河　不行　淹死　不信　忽然　喊叫　身边

师：通过课前预习，这些词语你们都认识了吗？请你们先自己读一读。

（学生自由读，教师领读，三人小组过关读，小组展示读）

（出示文中字）块　捉　急　直　河　行　死　信　跟　忽　喊　身

师：生字宝宝单独跑出来了，你是用什么好方法记住他们的呢？

生1：我用加一加的方法认识了"捉""河""急""信""忽"。

生2：我用换一换的方法认识了"跟"，以前学过"很"，把"彳"换成"⻊"就是"跟"。

师：同学们的方法可真多，老师这里也有好方法呢！我们还可以编儿歌来识记生字，请看——捉捉，用手捉；喊喊，用口喊；跟跟，用脚跟；急急，心里急。请你也来读一读，认一认吧。

（出示短语）急得直哭　吃得很欢　偷偷地跟　飞快地游

师：细心的同学一定发现了课文中还有很多短语呢！老师来读给大家听一听。

（教师范读，自由读，指名读）

师：读准了词语，你能用这些短语来填空吗？来，先自己试一试。

（出示填空）小公鸡和小鸭子一块儿出去玩。当小公鸡看见小鸭子捉不到虫子时，就（　　）；当小鸭子听见小公鸡落水喊救命时，就（　　）。

（自由说，指名说，小组互说）

【设计意图】采用多种方式读课文和带有生字的词语，一方面是对学生预习情况的检测，另一方面是复习生字，巩固生字的识记。

三、理解词语，读好第 2 自然段

师：小公鸡和小鸭子一块儿出去玩，发生了什么事情呢？请你自由朗读课文第 2 自然段。

（学生自由读）

师：数一数，第 2 自然段共有几句话？

生：4 句话。

师：请 4 名同学合作朗读，其他同学可以小声跟读。

（教师指名读，重点指导学生读好第 2 句和第 3 句）

师：为什么小公鸡吃得很欢，而小鸭子急得直哭呢？

生：读了课文，我知道，小公鸡吃得很欢，是因为它找到了许多虫子；小鸭子急得直哭，是因为它捉不到虫子。

师：你能联系上下文来理解，说明认真读了课文，请同学们带着你的理解再读一读第 2、3 句话吧，要读出小公鸡和小鸭子不同的心情哦。

（自由读，小组互读，男女生对读，师生对读）

（出示"吃得""急得"，引导说话练习）

师：小公鸡捉到许多虫子，会吃得怎么样？小鸭子捉不到虫子，又会急得怎么样呢？

生：吃得很开心、急得直跺脚。

【设计意图】在这一环节中，引导学生进入课文情境，在反复的朗读中，想象小公鸡和小鸭子的心情。读好这几句话，既可以让学生对故事有整体把握，又可以巩固生字新词。

☑ 第二课时

一、复习导入，巩固字词

（屏幕出示词语和短语）一块儿 捉虫子 小河 不行 淹死 不信 忽然 喊叫 身边 急得直哭 吃得很欢 偷偷地跟 飞快地游

师：同学们，你能用其中的两个词语或短语说一句话吗？

（教师指名说，相机导入新课）

师：上节课，我们学习了课文的第1、2自然段，知道小公鸡和小鸭子来到了小河边，接着，又发生了什么有趣的事情呢？我们继续走进课文。

【设计意图】通过复习的形式导入新课，不仅能准确判断学生对已学知识的掌握程度，而且能帮助学生进入新课学习，激发学生的学习兴趣。

二、学习第3、4自然段，读好对话

师：小公鸡和小鸭子来到了小河边，又发生了什么事情呢？请你大声朗读课文第3、4自然段。

（学生自由读）

师：刚才大家已经朗读了第3、4自然段，（课件出示两个长句子）下面这两个长句子大家都能读好吗？

1. 小公鸡不信，偷偷地跟在小鸭子后面，也下了水。
2. 小鸭子飞快地游到小公鸡身边。

（学生自由读，教师指名读）

师：去掉"偷偷地""飞快地"（课件出示两组句子），再读一读，句子的意思一样吗？

1. 小公鸡不信，偷偷地跟在小鸭子后面，也下了水。

小公鸡不信，跟在小鸭子后面，也下了水。

2. 小鸭子飞快地游到小公鸡身边。

小鸭子游到小公鸡身边。

（自由读，男女生对读，分组读）

生：我觉得"偷偷地""飞快地"不能去掉，"偷偷地"写出了小公鸡的调皮可爱，"飞快地"说明小鸭子很担心小公鸡，想马上去救它。

师：理解得很到位，边读边思考，你肯定能读懂课文。

师：请一位同学读第3、4自然段，其他同学边听边用直线和波浪线分别画出小公鸡和小鸭子说的话。

生1："我也去。""鸭子哥哥，谢谢你。"这是小公鸡说的话。

生2："公鸡弟弟，我到河里捉鱼给你吃。""不行，不行，你不会游泳，会淹死的！"这是小鸭子说的话。

（教师相机在多媒体课件中画出小公鸡和小鸭子说的话）

师：它的对话可真有意思，跟同桌合作读一读吧。

（小组分角色读，师生合作读，学生戴头饰展示表演读）

【设计意图】这一环节首先指导学生读好两个长句子，并通过比较的方法，体会"偷偷地""飞快地"两个词语的好处。在低年级教学中不宜分析课文，在反复朗读中引导学生自主发现语言文字的精妙是最直接、最有效的方法。其次，通过画线的方法清晰地区分小公鸡和小鸭子的对话，帮助学生由易到难读好对话，并通过多种形式的分角色朗读展示，带动每一个学生都能开口朗读对话。

三、指导书写

（课件出示）河　说　听　哥

师：仔细观察，这4个生字有什么相同点和不同点？

生：这4个字都有"口"，4个"口"位置和形状不同。

（教师示范，学生书空、描红、临写，展示学生书写，点评）

【设计意图】"河""说""听""哥"这4个生字都有"口"，但它在每个字中的位置和形状都不同，把这4个字放在一起指导书写，有利于学生区别掌握。

（课件出示）也 他 地

师：请看这3个生字，它们有什么相同点和不同点呢？

生："他""地"里面都有"也"。

师：写好"也"字，其他两个字也能写好，我们来看"也"这个字，仔细观察，书写时要注意什么呢？

生：第一笔横折钩要斜，第二笔竖起笔要高，第三笔竖弯钩要舒展。

师：提醒得真到位，其实要写好"他""地"，还要注意单人旁和提土旁的书写方法。请看老师写这两个生字。

（教师范写，学生描红并临写，展示学生书写并点评）

【设计意图】"也""他""地"3个生字都有"也"，但是结构、偏旁不同，把这3个生字放在一起指导书写，有利于学生举一反三，学会迁移。

《青蛙卖泥塘》教学案例

濮阳市实验小学　杨文娟

教学目标

1. 认识"卖""茵"等15个生字，会写"蛙""籽"等8个生字。
2. 正确朗读课文，读出青蛙"吆喝"的感觉，分角色演一演。
3. 联系生活经验，向同学推荐一样东西。

教学重难点

1. 正确、流利地朗读课文。
2. 说出青蛙为卖泥塘都做了哪些事，最后为什么又不卖泥塘了。

课时安排

两课时。第一课时，见教学过程；第二课时，指导学生理清青蛙在卖泥塘的过程中都做了哪些事情，以及不卖泥塘的原因，联系生活，向同学推荐一样东西，并会写剩余的生字。

教学过程

☑ 第一课时

一、导入新课

1. 聊天导入，了解"吆喝"的含义

师：同学们，上课喽！刚才我说的"上课"和平时有什么不同？

生：像在吆喝。

师：（屏幕出示该词）嗯，是的。像菜市场的吆喝。你听到过哪些吆喝？

生1：卖菜喽！新鲜又便宜！

生2：卖凉皮啦！买一送一！

师：它们有什么共同点？

生：声音大、拖长音。

师：老师这儿有一句话，你们能试着吆喝一下吗？

（屏幕出示）卖泥塘喽，卖泥塘！

师：这句话是谁吆喝的呢？今天我们来学习青蛙卖泥塘。

（教师板书课题，学生齐读课题）

2. 指导学生写"蛙""卖"二字

师："蛙"字怎么写？哪位小老师来指导指导？

生："蛙"是左右结构，左窄右宽，写的时候注意右半部分四横之间的距离差不多，但长短不同。

师：小老师的指导很到位。

师：谁想讲一讲"卖"字怎么写？

生："卖"是上下结构，上面的"十"较小，第三笔为横钩。

师：请同学们按照小老师的指导描红一个写一个。

3. 读题质疑

师：再次齐读课题。读完后你有什么疑问吗？

生1：青蛙为什么卖泥塘？

生2：它是怎么卖的？

生3：青蛙在卖泥塘的过程中发生了哪些事？

【设计意图】这个过程既是质疑的过程，也是引发阅读期待的过程，同时随课题学习写字，让学生印象更加深刻。

二、初读课文，认识生字

1. 自由读课文

师：请大家自由读课文，读准字音，读通句子，读不好的地方多读两遍。

2. 教师范读

师：认真听老师读，注意听准字的读音。

（针对自由读过程出现的问题，读的过程中着重强调）

3. 同桌合作读

师：同桌合作试试看，一人读一段，看谁读得准。

4. 指名读

师：谁想读给大家听？

（教师指名学生读，相机指导）

5. 字词检查反馈

（出示第一组词语）牌子　缺少　灌水

师：请小组合作齐读，一定要读准字音。

（接下来进行小组合作轮流读，小组长指读）

（出示第二组词语）游泳　播撒　采集

师：观察这组词语，你有什么发现？

生：每个词的两个字都含有相同的部首。

师：对，每个词的部首都相同，部首与意义相关。你们还知道哪些类似的词语？

生：打扫、沐浴、烧烤……

师：（屏幕出示上述词语）请同学们熟读积累。

师：请你用动作来表现"游泳""播撒"。

（教师指名做动作，通过做动作理解词义）

（出示"集"的字形演变图）

师："集"为会意字，"木"指的是树木，"隹"的意思是短尾巴鸟。所以"集"的本义是鸟类在树木上停歇。

（出示第三组词语）愣住　吆喝

师：谁来表演"愣住"的动作？

（教师指名做动作，通过做动作理解词义）

师："喝"字是多音字，有两个读音，具体请大家认真看微课。

（教师播放微课）

师：你们会给这两个读音分别组词并造句吗？

生1：hē，喝水。口渴要喝水。

生2：hè，怒喝。他没考好，爸爸朝他怒喝。

师：习题检测试试看（屏幕出示习题）。

请你给加横线的字注音。

（　　）<u>喝</u>彩　　（　　）<u>喝</u>水

（出示第四组词语）水坑坑　绿茵茵　烂泥塘　挺舒服

（大家一起读，小组合作齐读，通过读发现词语的共同点，及池塘前后发生的变化）

师：这组词语有什么共同点？

生：描写的对象都是泥塘。

【设计意图】进入二年级下学期的学生，经过之前的学习已经具备了一些基础的识字认词能力。可以先出示字词，让学生自己说一说，然后教师引导采取多种方法如字理识字法、做动作、看图、看视频等引导学生多感官参与学习，巧妙识字，在激发学生识字兴趣的同时，还能巩固识字效果，可谓是一举多得。在学生学习词语的过程中注意同一类词的积累。

三、再读课文，理解课文

师：通过认识这些词语我们不难看出泥塘前后发生了巨大的变化，为什么呢？让我们一起走进课文。

1. 出示第1~8自然段

师：同桌合作读，边读边思考，老牛和野鸭对青蛙说了些什么？用直线画出来。

师：小组分角色再读。填写表格（课件出示表格）。

角色	好处	不足

师：通过填表格，你们发现了什么规律？

生：它们提意见的时候都是先说优点、再说缺点。

师：大家观察得很认真，火眼金睛啊！给你们点赞。

2. 出示第10自然段

师：默读课文，还有哪些动物给青蛙提了意见？用"○"圈出来。提了什么意见？用"□"圈出来。

师：对比一下，其他小动物提意见的方法和老牛、野鸭有什么不同？哪一种更好？

生：老牛和野鸭的方式更好。先说优点，再提建议，这样听起来更委婉，也更容易被别人接受。

师：展开想象说一说，狐狸可能会提什么意见。注意仿照老牛、野鸭的方式，先说优点，再提意见。并且提的建议要合理，符合角色形象。

生：你的泥塘漂亮是漂亮，要是再有些娱乐设施就更好了。

师：嗯，好。还有哪些小动物可能会路过，它们可能会说些什么？小组先合作练习，然后我会选几名同学分角色上台演一演。

（小组合作练习，分角色上台表演）

师：青蛙听完大家的意见做了哪些事？用波浪线画出来。

【设计意图】通过表格的方式帮助学生理清故事内容，同时能直观地引导学生发现小动物们提建议的方式，进而理解运用。

四、读中想象，体悟道理

1. 探索青蛙不卖泥塘的原因

师：自由读第11、12自然段，边读边思考泥塘以前什么样？经过青蛙的改造后，泥塘最后变成什么样了？找到相关的句子，对比着读一读，小组交流。

（屏幕出示）多好的地方！有树，有花，有草，有水塘。你可以看蝴蝶在花丛中飞舞，听小鸟在树上唱歌。你可以在水里尽情游泳，躺在草地上晒太阳。这儿还有道路通到城里……

师：你感受到青蛙描述的美好画面了吗？请跟老师一起再次感受一下。
（教师范读）

师：大家明白"尽情"是什么意思吗？能不能举个生活中"尽情"的例子？谁来说一说。

生：尽情就是不拘束自己的感情，比如，放假以后我每天都能尽情玩耍。

师：是呀，能够"尽情"地玩耍是多么惬意啊。谁想带领大家再读一读这段？边读边想象画面，读出骄傲、享受的感觉，老师为你们配乐。
（学生读，教师配乐）

（屏幕出示）于是青蛙不再卖泥塘了。

师：泥塘变成了这么好的地方，青蛙怎么舍得卖了呢？那你们能说说青蛙最后为什么不卖泥塘了吗？

生：小青蛙虚心接受意见，通过自己勤劳的双手使以前的烂泥塘焕然一新。

2. 联系生活，试着推荐

师：如果向同学们推荐一种文具，你会怎样说？大家先自由练习，然后在小组内交流，交流完毕，我会提问大家交流的结果。

师：同学们，准备好了吗？下面请每个小组派一名代表向大家展示一下你们的推荐。

生：卖铅笔咯！漂亮又实用的铅笔！走过路过千万不要错过！

【设计意图】在朗读中学习语言、积累语言，锻炼学生的想象力和表达能力，并且从中领悟到课文想要表达的道理。

五、整体观察，学写生字

1. 区分结构

（屏幕出示要区分结构的 8 个生字）蛙 卖 搬 倒 籽 泉 破 应

师：请同学们看屏幕上的 8 个生字，按照结构对本课生字进行分类。

（教师指名说）

生 1："卖""泉"是上下结构。

生 2："蛙""籽""破"是左右结构。

生 3："搬""倒"是左中右结构。

生 4："应"是半包围结构。

2. 重点指导书写"搬""倒"

师："搬""倒"这两个字都是左中右结构，书写这类字时，要注意些什么呢？

生：要注意各个部件的宽窄、紧凑。

师：对，书写左中右结构的字时，除了要注意宽窄、高低、长短及三部分相互协调，还要注意什么，谁来说一说？

生：还要注意易错笔画，写"搬"字时中间"舟"的横改为提，而且右边不出头（参考课后生字）。

生：写"倒"字的时候要注意中间"至"的最后一笔横改为提。

师：请大家按照刚才的提醒描红一个写一个。

（选一名学生的课本进行展示，师生共同评价）

师：这名同学写得怎么样？

生：结构正确，关键笔画书写也很规范。

师：请大家吸取优点，改正不足，再写一遍。

【设计意图】针对该学段学生写字的情况，教学时要注意引导学生观察、分类、找出规律。尤其是对于新出现或者不常见结构的字要重点讲解，通过老师的范写指导，学生能端正、美观地进行书写。在书写时仍然要提醒学生注意保持正确的书写姿势。

《总也倒不了的老屋》教学案例

濮阳市实验小学　张金香

教学目标

1. 会认"暴""凑"等8个生字，会写"晒""洞""准"等13个生字。正确读写"准备""吃饱""晒太阳"等词语。

2. 正确、流利、有感情地朗读课文，学习一些预测的基本方法。

3. 品味语言，感受故事独特的表达方式，在反复朗读中预测将要发生的故事，并从课文中画出相关的依据。

教学重难点

通过反复朗读，找出依据预测将要发生的故事。

课前准备

教师准备课件、生字卡片，学生预习课文。

课时安排

一课时。

教学思路

《总也倒不了的老屋》是本单元的第一篇课文。引导学生体会老屋的善良、富有同情心，边读边预测故事情节，通过反复朗读总结预测的方法。

教学过程

一、导入新课

师：同学们，你见过一百多年的老屋吗？请你想象一下老屋的样子，怎么想都可以，读童话就是要我们充分发挥自己的想象。

生1：见过。我和爸爸妈妈回老家的时候见过。

生2：没有见过，我想象着这座老屋一定非常破旧，快要倒塌了。

师：同学们，有一座老屋啊，为什么总也倒不了呢？今天，就让我们走进课文中，去找一找老屋总也不倒的原因吧！

（教师板书课题：总也倒不了的老屋）

【设计意图】通过学生谈感受引出本课的重点：学会预测。

二、预习检测

师：这座老屋为什么总也倒不了？相信同学们肯定想知道其中的原因。请你自己试着读课文，遇到不认识的生字根据注音拼读一下，读不通顺的地方反复多读几遍。

（学生读课文）

师：哪名同学愿意给大家读一读课文？

（教师指名分自然段朗读）

师：同学们读得真棒！为大家点赞！

师：同学们，下面我们来看一看屏幕上的这些字，怎样写才能写漂亮呢？

（课件出示）暴、壁、晒

师：请仔细观察老师是怎样在黑板的田字格中写这些字的，"暴"是上下结构，注意"氺"，请跟老师再写一遍。"壁"下面的"土"要写得宽一些，能托住"辟"，与它相近的字"劈"要注意区分。"晒"左右结构，左面的日字旁一定要注意，有了太阳才能晒东西啊，所以是日字旁，同学们要记清楚哦！

师：请同学们在练习本上认真练写两遍。

【设计意图】初读课文，理解文章大意，为下一环节学习做好铺垫。指导学生写字，养成良好的书写习惯，也要在本环节得到有效的落实。

三、初读，理清层次

师：请大家轻声读第1自然段，边读边思考老屋是什么样子的呢？老屋为什么准备倒下去？

生：破旧不堪，快要倒塌的样子。

师：老屋已经这么老了，根据这一点，你能预测出什么结果？你的预测和课文中所描述的一样吗？

生1：老屋可能会瞬间倒掉。

生2：我觉得老屋可能不会倒掉，他仿佛在等待什么……

师：同学们的预测都有道理。文中的故事是怎样的呢，你想知道吗？

师："等等，老屋！"这是谁在和老屋说话，他和老屋说了什么，老屋是怎么做的？

师：请同学们再次走进课文，读一读，做好批注。

师：批注时要注意"等等，老屋！"这句话在文中出现了几次，分别是谁说的。

【设计意图】理清文章的层次，能更好地把学生带入课文情境。让学生在层次研读中学会思考，敢于预测。

四、细读，评价鉴赏

师："再过一个晚上，行吗？"从这句话中可以看出小猫有什么可以学习的品质？

师："哦，是小猫啊！好吧，我就再站一个晚上。"从加点的字中你体会到了什么？如果你是老屋，你会怎么做？

师："再见，好了，我到了倒下的时候了！"读完这句话，你觉得老屋能倒下吗？"你猜测的依据是什么？

（通过提问题的方式帮助学生品读上述句子）

生：从"再"这个字中我体会到老屋不会倒下。从上文中也可以推测到。

生：我认为老屋可能会倒下，它帮助了那么多小动物，太累了。就算是老屋倒下了，我们依然爱它，感激它。

师：同学们谈得多好啊！老师都被你们给感动了！真棒！

师："再见，好了，我到了倒下的时候了！"这句话在文中出现了几次，分别在第几自然段？请在文中标出来。

师：有哪些小动物遇到了困难，需要老屋的帮助？它们分别遇到了什么困难？

生1：小猫遇到了困难需要老屋的帮助，小猫在一个有暴风雨的晚上，找不到安心睡觉的地方。

生2：老母鸡遇到了困难也需要老屋的帮助，老母鸡找不到安心孵蛋的地方。

生3：小蜘蛛需要在老屋的墙角织网抓虫吃，因为外面的树被砍光了，小蜘蛛找不到虫吃。

师：同学们读得这么仔细啊！给你们点赞！

师：老屋每一次都是怎么做的？你觉得老屋能倒下吗，为什么？

生：老屋每一次都帮助大家渡过难关，老屋不会倒下，因为它有一颗乐于助人的心。

师：请同学们再次仔细阅读，把自己的感受和想法批注在书上。然后再在小组内讨论一下。

【设计意图】文章多次出现"老屋说：'再见，好了，我到了倒下的时候了！'"为了能让学生真正理解文本，能用准确的语言描述老屋的内心世界。采用自主合作探究的学习方式，让学生充分地读，充分地感知、感悟、思考，从而提高学生分析问题和解决问题的能力。

五、拓展练笔

1. 角色表演，感悟人物

师：同学们，现在我们来分角色，把这个故事再演一遍，好吗？

生：好。

（学生分角色表演，通过角色表演更好地体会故事角色的美好品质）

2. 预测结尾，升华主题

师：还有谁遇到了困难，需要老屋的帮助？按照文章的写法，想一想，写一写。

（学生只要说的合理，教师就要给予肯定）

【设计意图】带领学生再次走进文本，在充分感悟的基础上变成立体的场景，是这一环节的主要目的。

《胡萝卜先生的长胡子》教学案例

濮阳市实验小学　王月英

教学分析

《胡萝卜先生的长胡子》是统编教材三年级上册第四单元的第二篇课文，选自当代作家王一梅的同名绘本。选文时，编者有意隐去了故事后面部分的情节，用省略号来代替，目的是让学生展开丰富的想象进行预测。

教学目标

1. 认识"萝""卜"等5个生字。

2. 能一边读一边预测故事的内容，初步感受边读边预测的好处和乐趣；预测时要有一定的依据，并能根据故事的实际内容及时修正自己的想法。

3. 能尝试根据文章或书的题目预测故事的主要内容，对预测的故事产生继续阅读的兴趣。

教学重难点

学会通过故事情节预测故事的发展。

课前准备

学生预习课文，教师制作课件。

课时安排

一课时。

教学思路

本课为略读课文。学生通过前面一篇精读课文的学习，已基本掌握了预测的方法。本课的学习力图使学生在教师引导下自主对课文进行阅读，并在阅读中根据生活经验和常识等进行合理的预测。

教学过程

一、导入新课

师：同学们，前面我们学了《总也倒不了的老屋》，从中学到了一些预测的方法，谁来告诉我预测时要注意哪些方面？

生：预测要有一定的依据。

师：同学们请齐读课题。

（学生齐读课题）

师：读完后，你的脑海中出现了什么画面？你能试着预测一下故事里发生的事情吗？

生1：小猴子抓住了胡萝卜先生的长胡子，想拿去荡秋千。

生2：胡萝卜先生走着走着，碰到了一位小姐正发愁辫子上的皮筋断了，头发被风一吹非常散乱。小姐高兴得把胡萝卜先生的长胡子剪了一段，绑在了头发上，还挽了一个蝴蝶结。

师：《胡萝卜先生的长胡子》是王一梅阿姨写的童话故事。看看她为我们讲了一个怎样的童话故事，和你的预测一样吗？请同学们打开课本认真读一读。

二、读书检测

师：刚才同学们读得很认真，我想考考大家，这些加点字的读音你能读准吗？

（课件出示）萝卜　发愁　沾水　晾晒

（学生读）

师：我把这些字词放到句子中，你们还认识吗？（课件出示句子）自己试着读一读这三个句子吧。

1.胡萝卜先生常常为胡子发愁。

2. 胡子沾到了甜甜的果酱。

3. 鸟太太正在找绳子晾小鸟的尿布。

（学生读）

师：现在我从各小组中挑选一名代表比赛读课文，看哪组能被评为"朗读小明星"，其余同学当评委做点评，既要指出错误读音，也要评一评哪里读得好。

【设计意图】无论是精读课文还是略读课文，认识生字、理解新词都是学习文章的基础。

三、比较故事内容与预测的异同

师：读了课文中的故事后，请说一说故事的内容和自己原来的猜想是否一样？相同的是什么，不相同的又是什么？谁愿意站到讲台上和大家分享？其他同学请根据评价标准进行点评（课件出示评价标准），自己的预测和课文中的故事哪个更合理？

1. 猜测能联系上文或生活实际。

2. 所创设的场景是否合情合理。

3. 语句表述是否通顺。

（教师指名上台说，其他同学参与点评）

师：看起来预测需要联系文本内容或是生活实际，展开合理想象。

【设计意图】从题目入手练习预测，并和事实之间的异同进行比较，进一步激发学生的阅读兴趣。

四、预测情节

师：胡萝卜先生继续往前走，又发生了什么事呢？

师：咱们先看看这幅插图（出示插图），谁能根据鸟太太的表情，预测一下她会怎么想？又会怎么做呢？

（故事没有结局，根据自己的预测编故事，看谁编得最有趣）

师：胡萝卜先生帮到了鸟太太，鸟太太很开心。如果胡萝卜先生知道自己帮助了别人，他的心情会怎样呢？

生：特别开心。

师：咱们来夸一夸胡萝卜先生的长胡子吧。

生：胡萝卜先生的长胡子用处可真多呀！真是太棒了！

五、预测结尾，修正预测

师：令胡萝卜先生发愁的长胡子，还给许多人带来了帮助呢。只要我们愿意多动脑筋，就会有许多不同的想法与收获。你觉得胡萝卜先生的胡子还可以帮助谁？请在小组内说说自己的想法。

（小组内交流）

师：请同学们以这样的形式接着创作。

（课件出示）胡萝卜先生继续往前走，（　　　　），胡萝卜先生的胡子刚好在风里飘动，（　　　　）。

生：胡萝卜先生继续往前走，一阵风吹来，胡萝卜先生飞上了天空，胡萝卜先生的胡子刚好在风里飘动，胡子一下子就挂在了飞机的翅膀上。

师：王一梅阿姨给了一个怎样的结局？和你预测的一样吗？

生：不一样。作者想到的是胡萝卜先生走进了眼镜店去买眼镜。我要修正自己的预测。听完故事，我知道了作者想告诉我们胡萝卜先生用长胡子帮助了别人。

师：当和你预测的不一样时，该怎么办？

生：及时修正自己的想法，接着猜测后面可能发生什么。

【设计意图】通过比较、对照和鉴别，开阔了学生眼界，活跃了学生思想，使他们认识更加充分、深刻，有效地培养了他们的想象力及逻辑推理能力。

六、拓展阅读

师：看看课后第 52 页的这些文章及书的题目，任选其中一个猜一猜里面可能写些什么？请两人互相说一说。

师：谁来汇报？

生1：我读到题目《夏洛的网》，我猜想夏洛可能是一只蜘蛛，长大了要结网。

生2：我读到题目《夏洛的网》，我猜想夏洛可能是一个渔夫，他有一张渔网。

师：你们猜得对不对呢？请看看这本书的目录和内容提要吧。

师：具体的故事情节又是怎样的呢？下课后，请大家阅读《夏洛的网》这本书。

【设计意图】利用课外书目让学生实践预测，激发学生阅读兴趣，并引向整本书的阅读。

第六章 语文元素典型教学案例

第一节 阅读方法教学案例

《学习略读》教学案例

濮阳市实验小学　李玉萍

教学目标

1．了解读书的基本方法，学会几种略读方法。

2．通过练习掌握略读技巧，提高学生的阅读能力，进一步激发阅读兴趣。

教学重难点

知道什么是略读，掌握几种略读方法。

课前准备

制作多媒体课件。

课时安排

一课时。

教学过程

一、听记训练

师：今天给大家讲一个《一目十行》的故事，认真听，看谁获得的信息最多。

南朝有一个叫萧纲的人，从小聪明伶俐，四岁开始识字读书，随着年龄的增长，他读的书越来越多，阅读的能力也越来越强，读书的速度相当快，一次就能读通十行的内容，而且能够做到过目不忘。后来，人们就用"一目十行"这个成语来形容看书的速度很快。

师：谁来说说，从故事中你知道了什么？

生1：我知道萧纲读的书多，读书的速度也很快。

生2：我知道了"一目十行"这个成语故事的来历。

师：今天我们要学习的内容就和一目十行有关。（板书：学习略读）

【设计意图】通过"一目十行"这个成语故事，知道一个人读的书越多，读书的速度会越快。让学生明白学习的方向，初步对读书速度感兴趣。

二、预习交流

师：昨天老师发给大家一份有关略读的材料，相信你们已经进行了充分的阅读，现在先在小组内交流一下你了解到的怎样略读一篇文章的信息。

（附文字材料）

学习略读

我们平时所学的课文，都是精心编选的，需要认真读，反复读，甚至逐字逐句细细琢磨，这就是精读。然而，人的精力是有限的，而书籍却浩如烟海，为了获取更多的知识和更多的信息，我们还要学会略读。

略读作为一种阅读方法，是与精读相对而言的，它是指粗略地读，一目数行地读，以尽可能快的速度进行阅读。

怎样略读一篇文章呢？

一、讲究速度。为了提高读书速度，略读通常采用默读的方式。一般说来，快速的略读速度达每分钟800字，至少也应达到每分钟400字，是一般阅读速度的2倍。略读需要注意力高度集中，眼睛快速扫视，这需要重复练习，直至达到目标。略读有困难时，可以连续多次略读同样的文章。

二、讲求技巧。略读时，先应该以最快的速度将文章的前两段完整地读完，以掌握文章的主要意思、文章的结构安排，了解一点作者的写作风格及语调语气等。

中间部分是对内容的具体阐述，一旦对文章有了大概的了解后，在阅读中间部分时，不要探究某个字、词或句子的意思，有时只需要用眼睛粗略地扫一下全段，只读段落中的关键句子，挑出一两个重要的词、短语或数字即可。当然，关键的句子不一定就是段落的第一句，它可能在段中或末尾。

结尾的几段因为经常含有总结性的内容，要读得仔细。

略读一本书，可以先看书名，再看书的前言，如果这本书有序言就看序言，或者看看内容简介，看完这些，相信你对这本书的主题已有了初步的认识。然后再看目录，最后从目录中挑选你最感兴趣的内容去阅读。

总之，略读就是以最快的速度将文章看一遍，掌握主要内容，获取重要信息，读懂了就行。经过训练，我们掌握了略读技巧，就可以用较少的时间浏览大量的书刊，从而扩大自己的知识面，懂得更多的道理。

师：下面谁来汇报？

生1：用默读的方式读，注意力高度集中，眼睛快速扫视。

生2：略读速度最快达每分钟800字，最慢也应达到每分钟400字。

生3：要抓住重点。这里的重点是指重点词、重点句、重要的数据、主要内容、中心思想等。

师：这节课我们就尝试运用这些技巧略读几篇文章。

【设计意图】通过课前阅读《学习略读》这篇文章，学生明白了具有略读能力的重要性，同时初步了解了学习略读的方法。再为学生搭建自我展示的平台，让学生体验自主参与的乐趣。

三、学以致用

师：首先，老师在这里提醒大家，题目就是文章的眼睛，阅读文章时首先要关注题目（板书：关注题目），看着题目你会产生一连串的疑问，带着这些疑问去读，就会很快获取你想要的信息。

师：好，现在就来略读《到期归还》这篇文章。

（学生略读《到期归还》）

师：同学们，你们通过略读解决了什么疑问？获取了哪些信息？

生：看到题目，我想知道"谁借谁的什么东西"的问题，通过阅读我知道了是毛主席借黄炎培字帖的事。

师：我发现有的同学怕自己开小差，采用一边读一边用手指画着的方式这也是一种很好的略读方法。

生：通过阅读，我知道毛主席借了一个月时间就按时归还了字帖。

师：对，略读写人记事的文章，就是要抓住文章写的是谁及在什么情况下做了什么事，结果怎样来读。即抓住故事的六要素。

（课件出示）时间、地点、人物、起因、经过、结果

（板书：提取六要素）

师：接下来运用这两种方法略读第二篇文章《全神贯注》，你能获得哪些重要信息？

（学生读的同时，教师指导）

师：在相同的时间里，阅读的速度越快，获取的信息就越多。略读课文时，遇到不认识的字、不理解的词可以直接跳过去，跳读！

（板书：跳读）

生1：我通过题目知道了本文写的是罗丹全神贯注修改雕塑作品的事情。

生2：我通过提取六要素知道了这件事发生的时间是在罗丹邀请好朋友去他家做客的时候，地点在罗丹的工作室，事情的起因是对刚刚完成的塑像不满意，经过是罗丹忘记朋友的存在而全神贯注修改塑像，结果用了一个小时才修改好。

师：还有一些文章是可以通过抓住中心句、过渡句、总起句来阅读的，不但用的时间很短，而且还能获取到重要信息，可以大大提高略读的速度。

（板书：抓关键词句）

师：现在请同学们自由读《手不释卷》一文，练习用抓关键词句提取信息。

生：我通过阅读课文最后一段的两句话知道了"手不释卷"这个成语的意思是说手里的书舍不得放下，形容一个人勤奋好学，刻苦读书。

【设计意图】对略读的读书方法进行具体点拨，提供可行的操作建议和路径指引，帮助学生在略读实践中逐步掌握正确的略读方法，学会略读，学会学习。

四、小组合作

师：接下来就请同学们利用学到的提取信息的方法，在小组内合作阅读《为中华之崛起而读书》这篇文章。

（课件出示）1.自由读，边读边获取信息。

2.小组交流，梳理收获的信息。

3.组长组织确定汇报分工。

师：哪个小组先来汇报？

生1：我代表我们小组来汇报，通过阅读我们小组获取的信息是，这篇文章写的是周恩来少年时代，耳闻目睹中国人在外国租界地受洋人欺凌却无处说理的事情。

生2：我们小组获取的信息是周恩来从这件事中深刻体会到伯父说的"中华不振"的含义，从而立志要为振兴中华而读书，表现了周恩来博大的胸襟和远大的志向。

师：同学们真棒！是啊，略读的时候，我们可不能一味追求略读速度而不注意捕捉信息，那样会遗漏重要信息。

（板书：速度与质量）

【设计意图】让学生通过小组讨论交流自己的见解，完全把学习的主动权交给了学生，真正发挥学生的学习主体作用。

五、汇报整本书阅读

师：读整本的书也有一定的略读技巧，现在请同学们拿出课前发给大家的预习资料，说一说阅读整本书的技巧。

生：阅读整本书首先要关注封面上的信息，还要看一看前言、内容简介和目录等部分，可以在最短的时间内做出读不读这本书的选择或者先读哪些章节的内容。

（板书：书名—前言—内容简介—目录）

师：现在请各小组成员拿出你们自己带来的书，先运用这些略读技巧读一读，想一想，然后在小组内交流各自的收获，最后小组讨论：怎样向其他组推荐这本书。下节课,我们要搞一个好书推介会,看哪个小组推介的书最受欢迎!

【设计意图】由一篇文章的阅读到整本书的阅读,让学生在习得略读技巧的基础上,交流自己对整本书阅读的技巧体会和总结,并通过下节课要召开"好书推介会"来激发学生的阅读兴趣。

《学会浏览》教学案例

濮阳市实验小学　尚淑丽

教学目标

1. 了解阅读的基本方法,学会浏览。
2. 通过学习掌握浏览技巧,提高学生的阅读能力,进一步激发阅读兴趣。

教学重难点

知道什么是浏览,掌握浏览方法。

课时安排

一课时。

教学过程

一、谈话导入

师:同学们,你们知道哪些阅读方式呢?

生:精读、默读、略读……

师:对,阅读的方式很多,比如精读,就是对某些重点文章,集中精力,逐字逐句由表及里精思熟读的阅读方法。但是有时候我们需要用最少的时间从报纸杂志、网上材料中获取自己需要的信息,这时,就需要一种快速的阅读方式——浏览。

师：那么如何学会浏览呢？

（板书：学会浏览）

师：下面请同学们快速阅读资料，讲一讲你从资料上获得了关于浏览的哪些信息？

（多媒体出示资料）浏览，就是粗略地看一遍，是一种大致了解阅读材料和获取相关信息的阅读方式，也是一种非常实用的快速阅读技能。

浏览可以在有限的时间内尽可能广泛地了解信息，提高阅读效率，有助于开阔视野，是博览群书常用的重要阅读方法。

浏览有扫描式和跳读式两种。扫描式浏览要求在阅读时一目多行，迅速扫视。跳读式是根据一定的目的或某种需要，有意识地把一些无关紧要的句子、段落跳过去不看，抓住文章的关键性内容进行快速阅读。

生1：我知道浏览就是粗略地看，大致了解阅读材料。

生2：我知道浏览有扫描式和跳读式两种。

【设计意图】借用阅读浏览资料，让学生明白什么是浏览，以及具有浏览能力的重要性，同时培养学生提取信息的能力。

二、学习浏览

师：浏览有哪些阅读技巧呢？如何使用？让我们一起在阅读中探究——

1. 单篇文章阅读

师：首先我们来看单篇文章阅读。

（出示：《狼牙山五壮士》一文）

师："五壮士"指谁？为什么说是"壮"士，又为什么说是狼牙山五壮士？主要讲了一件什么事？请大家快速浏览课文。

生：五壮士为了主力部队的安全，在弹尽的情况下英勇跳下狼牙山。

师：你概括得真好！从文章题目入手通过快速浏览捕捉课文主要信息，我们把这种阅读方法叫题目入手搜索法。

师：请同学们再来阅读《穷人》这篇文章，文章1700多字，如果要求我们用两分钟时间读完，用简练的语言概括文章的主要内容，怎么快速阅读?

师：阅读的时候要注意时间、地点、谁在做什么（起因、经过、结果）。请快速浏览课文。小组内交流一下。

（学生快速浏览课文）

师：哪个小组来汇报？

生：我们小组来汇报——

时间：一个寒风呼啸的晚上。

地点：桑娜的家里。

主要人物：桑娜和渔夫。

起因：桑娜等丈夫回来，顺便探望生病的女邻居。

经过：桑娜邻居西蒙死了，她把邻居留下的两个孩子抱回家，但是担心丈夫不同意。

结果：渔夫主动提出收养两个孤儿。

主要内容：文章主要写了一个寒风呼啸的晚上，桑娜和渔夫主动收养邻居西蒙的两个孩子的事。

师：像这种在较短的时间内从文中抓记叙文六要素——时间、地点、人物、起因、经过、结果概括主要内容的方法，我们叫它"文章要素扫视法"。

师：请大家再来看一篇文章《彩色的非洲》。

师：你们想通过什么方法快速概括这篇文章的主要内容呢？

生：我用跳读法发现这篇课文每一段的开头都是该段的中心句。这样我把每一段的中心句连起来就是本文的主要内容。

师：真是善于发现的孩子！请你来概括一下。

生：非洲的骄阳、蓝天、植物世界、动物世界、人们的日常生活和艺术，展示了非洲真是一个色彩斑斓的世界。

师：不错！我们在阅读时，如果发现有的文章结构上有总起句、总结句、过渡句，或内容上有中心句，这些句子往往提示了全文的主要内容或某一自然段的大意，这时我们可以通过跳读快速找到这些概括性的主句，提炼文章主要信息。像这种方法我们叫"抓住主句跳读法"。

【设计意图】本环节主要是引导学生从单篇文章浏览提取信息，总结学习方法，以帮助学生在实践中逐步掌握正确的浏览方法，学会浏览。

2. 整本书阅读

师：读整本书该怎样用好浏览的方法呢？谁来说一说？

生：拿到一本书后，先浏览一下书名和作者，再浏览书籍的前言和后记，或扉页上的内容简介，之后浏览书的目录，了解这本书的主要内容，最后有选择地去阅读具体的章节。

师：你说得真好！这种方法我们可以归纳为"扫读跳读结合法"。

师：有时候，一些书籍或者篇幅较长的文章会有一些小标题、黑体字、斜体字或加点字等，这些往往是文本的中心或重点，也是我们需要特别注意的地方，我们可以抓住这些特殊文字，跳过其他的文字，迅速获取自己需要的信息。

师：你们觉得在阅读整本书时还有哪些地方可以用到浏览的方法？

生：我觉得无关紧要的段落、情节可以跳过去不看。

【设计意图】本环节主要是引导学生如何运用浏览的方法从整本书中提取信息，提高阅读速度，进一步提高阅读能力。

三、拓展运用

师：请同学们拿出《鲁滨孙漂流记》，用今天学习的浏览方法阅读，概括出本书的主要内容。阅读完成后，小组内先交流用到的浏览方法，该本书讲述了什么内容，我会抽查小组交流的情况。

（每个小组派代表展示交流的情况）

【设计意图】拓展运用，让学生进一步强化整本书阅读的技巧，提高阅读能力。

四、总结提升

师：同学们，浏览不仅能快速阅读一篇文章获取到重要信息，而且还能快速阅读一本书了解大意。不同的文章有不同的浏览方法。希望大家能灵活选择合适的方法，提高阅读速度和阅读质量！

第二节　表达方法教学案例

《如何理解给人启示的句子》教学案例

濮阳市实验小学　李玉萍

教学目标

1. 练习四种理解句子的常用方法：抓住关键词、联系上下文、关注修辞、联系生活实际。

2. 通过练习，能使学生养成良好的阅读思考习惯，从而读懂文中给人启示的句子。

3. 提高学生的阅读能力，进一步激发学生的阅读兴趣。

教学重难点

练习四种理解句子的常用方法。

课前准备

教师制作多媒体课件。

课时安排

一课时。

教学过程

一、检查预习

师：同学们，上节课我们运用略读的方法把握了这几篇课文的主要内容（课件出示文章标题）。

1.《"精彩极了"和"糟糕透了"》
2.《通往广场的路不止一条》
3.《钓鱼的启示》
4.《落花生》
5.《窃读记》

师：现在请大家在小组内交流每篇课文的大意。

二、学习新知

师：同学们，你们发现了吗？这几篇课文有一个共同的特点，就是每篇课文都通过一些引人思考、给人启示的句子（板书：给人启示），表达作者的感受及受到的启发。

师：这些句子的含义比较深刻，不太容易理解。今天这节课，我们就来学习"怎样理解给人启示的句子"。

师：我们先来看《"精彩极了"和"糟糕透了"》这篇文章，请同学们打开课本，快速浏览课文，用波浪线画出文中给人启示的句子。

（教师指名汇报后，课件出示这些句子：①句……　②句……　③句……）

师：这些句子蕴含着什么含义，表达了作者怎样的感受呢？每个小组自选其中一处讨论。

（出示小组合作要求：先自己思考，然后在小组长的组织下交流讨论，最后形成一致意见）

生：我们小组通过联系上下文，知道了这句话里的"精彩极了"指的是妈妈的鼓励表扬，"糟糕透了"指的是爸爸的严格要求。

师：对，联系上下文是理解句子含义最常用的一种方法。有些句子的含义与上下文有着密切的联系，理解这些句子不能脱离语言环境，要多问几个"为什么"，才可以理解句子的深刻含义。

（板书：联系上下文）

生：我们小组通过讨论知道了这句话运用了比喻的修辞方法，用"两股风"来比喻父母的两种爱，一种是母亲慈祥的爱，一种是父亲严厉的爱。

师：注意修辞手法，先弄清句子意思，再理解句子的内在含义。

（板书：通过修辞）

生：我们小组是通过抓住句子中的关键词语来理解句子的。如：先理解"精彩""糟糕""两股风"的意思，这句话就容易理解了。

师：抓住一句话中的关键性词语理解句子，这也是阅读文章的基本方法之一。采用这种方法，首先要熟读句子，了解句子的基本内容，并在阅读中找出句子的关键词语，弄清关键词的本义及其在具体语言环境中的意思，从而理解句子的深刻含义。

（板书：抓住关键词）

生：我读到这句话，想到在现实生活中，我考出好成绩、做了好事，妈妈也是这样鼓励我的。

（板书：联系生活实际）

师（小结）：理解给人启发的句子，不仅可以从这四个方面理解，还可以通过想象或联系生活中、电影或电视中看到过的情景去理解。如《七月的天山》这篇课文中"蓝天衬着高耸的巨大的雪峰，太阳下，雪峰间的云影就像白缎上绣了几朵银灰色的花"一句，只要想象一下句中的情景，就会产生一种身临其境的感觉，大家就可以联想到电影、电视中的类似镜头，脑海里马上就会浮现出一幅美妙的图画来，从而自然地进入到句子所示的意境中去。

有的可以联系文章的时代背景、作者的写作背景来理解这些语言文字背后所蕴含的意思。如《生命 生命》一课，作者为什么能从如此平凡的小事中获得这样深刻的生命启迪呢？如果我们联系杏林子的生平就不难理解了。

总之，如果我们能够灵活运用、综合使用几种方法，就会把句子理解得更透彻。

【设计意图】有效运用速读与重读，让学生充分与文本对话，围绕一个议题"理解给人启示的句子"，真正走进文本，走进作者内心，用心体会"给人启示的句子"在表情达意上的作用。

三、小组合作学习

师：现在，请同学们阅读《通往广场的路不止一条》一文，四人小组在组长的组织下，画出含义深刻给人启示的句子，运用上述方法体会这些句子的含义。

生：我们小组用"抓住关键词"的方法理解"受用不尽"的意思是得到很多好处。"父亲的教导让我一生受用不尽"说明了父亲的话对"我"影响很大。"通往广场的路不止一条"这句话的意思是不管做什么事情，当一条路走不通的时候，不要灰心，不要气馁，要鼓起勇气和力量去寻找另外的路。

生：我们小组用"联系上下文"的方法理解了作者在"订购毛衣"和"办时装展"中遇到困难时，想到父亲的指导，从而克服了遇到的困难。用事实证明了父亲的教诲使"我"终身受益，父亲让"我"从小就建立了一种积极的人生态度，不向困难屈服，不把自己堵死在一条路上，这种态度的确让人"一生受用不尽"。

四、自主阅读，品味蕴含的情感

师：接下来请大家根据表格提示完成内容填写，完成之后先小组交流，然后向全班汇报。

（课件出示）

文章	给人启示的句子	理解方法
《钓鱼的启示》		
《落花生》		
《窃读记》		

生1：《钓鱼的启示》中的"但是，在人生的旅途中，我却不止一次地遇到了与那条鲈鱼相似的诱惑人的鱼"。我们联系生活实际是这样理解的，与那条鲈鱼相似的诱惑人的"鱼"，在我们的生活中的确会经常碰到。学校里考试，老师多给了分数，没人知道；买东西时，售货员多找了钱，是去归还，还是将错就错？过马路时，红灯亮了，但周围没有民警叔叔，是冲过去，还是等待？

生2：《落花生》中的"人要做有用的人，不要做只讲体面，而对别人没有好处的人"。我们联系上文理解，这是父亲听了孩子们对花生品格的议论后说的话，教育孩子们做人的道理：人要活得实在，做对社会有贡献、对别人有帮助的人，不要做只讲究体面而对他人和社会没有帮助及贡献的人。

生3：《窃读记》中的"记住，你们是吃饭长大的，也是读书长大的"。我们抓关键词理解，吃饭长大指身体的物质需求，读书长大指精神的成长、心灵的成长。你们是靠吃饭维持生命，也是靠学习知识充实自己。

【设计意图】通过自主阅读，品味语文表情达意的作用。所以在阅读时，不仅要让学生理解语言的内容，而且还要体会语言蕴含的情感，特别是作者不能表达的，比较含蓄的情感。

五、发现不同，总结表达效果

师：同学们，你们发现了没有，这5篇文章给人启发的句子大多在文章的哪一个部分？

生：文章的后半部分。

师：这样写有什么好处呢？

生1：有深刻哲理，让人回味无穷。

生2：总结全文，点明中心。

生3：能引发读者的思考。

师：给人启示的句子有时也会出现在文章的其他部分，快速略读《中彩那天》和《梅花魂》两篇文章，看你有什么发现？这样写又有什么好处呢？

生1：《中彩那天》给人启示的句子在文章开头，好处是开篇点题，引起下文。

生2：《梅花魂》给人启示的句子在文章中间，这样写的好处是点明中心，深化主题。

【设计意图】大胆尝试群文阅读教学，给语文课留下一定的时间，让学生更自主、更愉悦地阅读、理解、质疑、发现，从而达到提升其阅读能力的效果。

六、积累拓展

师：平时，我们也积累了很多名言警句，哪句话对你启发最大，你是怎样理解这句话的，可以联系生活实际，通过事例来写一写这句话对你的启发吧。

【设计意图】这节课打破了以往单篇的教学模式，把5篇课文捆绑起来，尽量体现群文阅读的理念。从"一篇"到"一群"意味着教学方法的改变和突破，让学生自己去读，让学生在阅读中学会阅读。

《表达方法教学——玩出表达力》教学案例

濮阳市实验小学　唐瑞锦

教学分析

世间最美的语言来自真挚的感情，孩子天生具备感受美和情感的能力，如何将感受的美和情感表达出来，需要语言方面的训练。在语言表达训练过程中，很多人热衷于教会学生怎样抑扬顿挫，什么地方音高一点儿，什么地方音低一点儿，却忽略了或者说不清真正的秘诀——在于激发学生，去吸纳大千世界各种美和各种能量的能力。

教学目标

培养学生的语言感受力，用语言滋养学生的心灵。

教学重难点
发音、语气、停顿、重音等表达技巧。

课前准备
教师设计提问问题，并制作表情卡片。

课时安排
一课时。

教学过程

一、表达准备

1. 口腔热身

师：试着发一个音"咬"。打开口腔，上下牙关充分打开，你们会感觉到上下牙交错的地方，靠近你们耳垂的地方，会出现一个凹进去的窝。

（学生自由模仿练习）

2. 深呼吸

师：试着让我们的肩膀放松，心中可以想一些你们喜欢听的、放松的、舒缓的音乐。两脚打开，与你的肩部同宽。然后在心里告诉自己，我很棒，没有人比我更棒。这个时候我们开始轻轻地吸气，吸到一定的程度，你们会觉得整个胸腔有胀满的感觉，这时候我们轻轻地把这口气吐出去。

（学生投入练习，气氛轻松）

3. 三秒停顿法则

师：在你站在讲台上要开口之前，或起立准备发言时，停三秒，在心里默念"一、二、三"，然后再开始。

（学生进入情境）

4. 找到你们自己的声调

师：找到你们最舒服的、最自信的、最放松的、长时间说话也不会很累的那个音高的位置。怎样找自己的声调呢？就像我们唱歌一样，去调试不同的音高，去找到不同的音阶。

（教室里，学生纷纷尝试，气氛活跃）

5. 找到你强烈的表达愿望

师：我们来朗诵一首诗《村居》，自己讲一讲朗诵这首诗的感想。

生1：想到了儿童放风筝的场景。

生2：想到了自己放风筝的事。

师：很好，说得真棒！

师：所有的语言表达一定是基于强烈的愿望的。就算没有人鼓掌，至少自己还能够勇敢地自我欣赏。为我们自己精彩的表达鼓掌！

二、一段话，一幅画

师：我们一起听下面的这段话，看看你的脑海中会浮现什么画面。

（教师播放录音）太阳从大玻璃窗透出来，照到大白纸糊的墙上，照到三抽屉桌上，照到我的小床上来了。我醒了，还躺在床上，看那道太阳光里飞舞着的许多小小的小小的尘埃，宋妈过来掸窗台，掸桌子，随着鸡毛掸子的舞动，那道阳光里的尘埃加多了，飞舞的更热闹了。我赶忙拉起被子来蒙住脸，是怕尘埃把我呛得够呛。（选自《城南旧事》）

师：听完后，我想问大家几个问题，屋子是什么样子的？

生1：有大玻璃窗。

生2：用大白纸糊的墙。

师：大家都很投入，听得很认真。

师：家具摆在什么地方？

生1：靠墙。

生2：没有听清。

生3：在窗台边。

师：同学们的想象力真丰富。

师：宋妈在干什么？英子在干什么？

生1：宋妈在掸窗台，掸桌子。

生2：英子还躺在床上。

生3：拉起被子来蒙住脸。

师：同学们的记性真好。

（教师引导学生对背景进行想象）

师：我们可以仔细想一想，早晨的太阳没有那么的明艳刺眼，光线也比较柔和，透过木框的窗子照到屋子里来。小小的尘埃在空中上下飞舞，三抽屉桌和床都是深色实木，是从前的家具的样子。

师：有个叫宋妈的保姆在打扫屋子，我们一起来想象一下，这个宋妈长什么样子？个子是高还是矮？脸、身材是胖还是瘦？

生1：满头白发。

生2：满脸皱纹。

生3：满脸灰尘。

生4：因为她是个保姆，工资不高，个子不高，身体瘦削，穿着也很简朴。

……

师：哇！没想到大家的想象力这么丰富，老师都被你们的想象惊喜到了。

师：这个宋妈也许还盘了一个圆圆的发髻在自己的脑后呢。

师：英子呢？她长什么样呢？

生1：我看过《城南旧事》，里边有插图，感觉年纪与我相仿，短头发，眼睛大大的。

生2：很爱干净的小女孩。

师：我们还可以再发挥一下想象，英子也许是留着齐耳的短发，圆圆的脸，六岁左右。……

生：皮肤白白的。

师：嗯，你真是好样的。

（教师伸出大拇指）

师：她在干什么？（学生齐答）对，她还窝在被子里面。

师：我们还可以想象一下屋子里还有什么类型的家具，还有什么物品。

（学生思维活跃，纷纷发言）

【设计意图】引导学生对具体文段的人物形象进行感知，激发学生丰富的想象力，目的在于调动学生内心深处对文字的一种再现感知。

师：听老师读一段话，注意感受其中的人物和场景。"枯藤老树昏鸦，小桥流水人家，古道西风瘦马。夕阳西下，断肠人在天涯。"

师：这是马致远的《天净沙·秋思》。这首诗为我们描绘了很多景物，还有人的形象，那些枯藤、老树代表着失去了生命力的景象，而古道、西风、瘦马，看起来又是那么的凄清悲苦。在这样的氛围下，一个人在夕阳西下骑马前行——断肠人。

师：从刚才老师的诵读及解读中我们能感受到诗人怎样的心情？

生1：悲伤。

生2：孤单。

生3：期盼。

师：是啊，正如大家所说，诗文里充满着诗人的悲伤、孤单，还有远离家乡期盼回到家的心情。

师：所以，孤单、期盼和悲伤这三张表情卡都可以代表诗人的情感。

三、实践运用

师：大家读过《城南旧事》中对英子的描写之后，对这个人物有了清晰的认识。在我们的实际生活中，有着不同外貌、不同性格特征的小伙伴，她们就是我们身边真实的"英子"。可以从以下几个方面向大家介绍英子，她长什么样子，她的个头有多高，她的年龄，她的神态是什么样子的，她的性格是活泼的还是内向的。

（教师指名说，一人一句）

师：非常好！同学们可以按照刚才的方法介绍，还可以加入自己的想象。

（学生自己先练习，后指名说，尽可能完整）

师（小结）：为你们点赞！同学们绘声绘色的介绍，令人感到活泼可爱、机灵聪明的英子就好像站在了我们眼前。在我们平时的读书学习中，同学们要善于用心发现美、感受美，发挥自己丰富的想象力，学会将薄书读成厚书，将平实读成生动，在读书中发现大千世界的美。

【设计意图】怎样把一个片段变成一幅画，映在脑子里，以及怎样给一幅画添上更多的细节、更多的颜色，让它变得更加生动？学生只有通过多阅读，多积累素材，对文字的想象才会越丰富。

第三节　修辞手法教学案例

拟人句专项练习案例

濮阳市实验小学　宋彦菊

教学目标

1. 认识拟人的写法，懂得拟人写法的本质是把物直接当人来写。
2. 认识拟人写法的三种表现形式，感受拟人写法带来的生动效果。
3. 正确判断拟人句，并学习写拟人句。

教学重难点

重点：认识拟人写法的本质，正确判断拟人句。

难点：学习写拟人句。

课时安排

一课时。

教学过程

一、导入新课，读中发现拟人句的特点

师：同学们，大家做练习的时候，老师发现你们在把陈述句改成拟人句的过程中有些犯难。今天这节课，咱们就一起探讨一下拟人句。

（板书课题）

师：老师这里有三个句子（课件出示句子），请你们读一读，看看有什么发现？

1. 空旷的花园里，烧焦的树垂头丧气地弯着腰。

2. 雨时下时停，太阳一直没露面儿。

3. 当水鸟站在它的腰上歌唱时，流水也唱和着，发出悦耳的声音。

生：我发现这三个句子都是拟人句。

【设计意图】从学生学习过的课文中选择句子做例句，降低难度，激发学生参与的积极性。

师：是的，这几个句子都是拟人句，它们都运用了拟人的写法。拟人是一种常用的修辞手法，那么，什么是拟人句，它有什么特点呢？

师：老师把这几个句子改成一般陈述句（课件出示句子），大家比较着再认真读一读，看你还能有什么发现？

1. 空旷的花园里，烧焦的树垂头丧气地弯着腰。

空旷的花园里，烧焦的树耷拉着枝条。

2. 雨时下时停，太阳一直没露面儿。

雨时下时停，太阳一直没有出来。

3. 当水鸟站在它的腰上歌唱时，流水也唱和着，发出悦耳的声音。

当水鸟站在树枝上鸣叫时，流水也哗啦啦地流着，发出悦耳的声音。

生1：我发现拟人句中的"垂头丧气""弯着腰""露面儿""腰上""歌唱""唱和"都是描写人的词语。

生2：我发现这些词语有的是描写人的动作，有的是描写人的神态，有的是描写人的情感的。

生3：句子改后没有原来生动形象了。

师：你们的发现都很正确，现在谁能说说什么是拟人写法呢？

生1：拟人，就是将事物当作人直接来描写的一种写法。

生2：我觉得拟人就是用写人的词句直接来写物，从而使物具有了人的动作、神态和情感。

【设计意图】把拟人句和一般陈述句进行比较，学生容易找出拟人化的词语，从而发现拟人句的特点。

二、认识拟人表现形式，感受生动效果

师：还是这三个句子（课件出示句子），大家再来读一读，注意红色的字，看你还能有什么新的发现？

1. 空旷的花园里，烧焦的树垂头丧气地弯着腰。（"树"为红色字体）
2. 雨时下时停，太阳一直没露面儿。（"太阳"为红色字体）
3. 当水鸟站在它的腰上歌唱时，流水也唱和着，发出悦耳的声音。（"水鸟""流水"为红色字体）

生：我发现第一个句子是把"树"拟人化了，第二个句子是把"太阳"拟人化的，而第三个句子是把"水鸟"和"流水"拟人化了。

师：你可真会观察。是的，拟人写法有三种表现形式，分别是把植物拟人化，把动物拟人化，把其他事物拟人化，也就是除人以外的任何物都可以进行拟人化。

师：请同学们再反复读读这几个句子，感受一下运用拟人写法有什么好处？

生1：我觉得运用拟人写法能增强语言的美感，让句子变得很优美。

生2：我觉得拟人写法能使句子表达得更生动、更形象。

三、火眼金睛，辨析拟人句

师：根据拟人句的特点，大家能不能辨别拟人句呢？我们来试一试吧。（课件出示练习）判断下面的句子哪些是拟人句，并说出判断的理由。

1. 一排排柳树倒映在水中，欣赏着自己美丽的容貌。
2. 猴子在树枝间跳来跳去。
3. 老虎张开血盆大口，一步步向我们逼近。
4. 五点左右，艳丽的蔷薇绽开了笑脸。
5. 池塘里，一朵朵娇艳的荷花害羞地躲在了荷叶下面。
6. 雨滴像个可爱的小精灵在伞上跳舞。

生：我觉得第1、4、5句是拟人句。第1句柳树在"欣赏""美丽的容貌"，把柳树的动作拟人化了；第4句蔷薇"绽开了笑脸"，给植物以人的神态，

进行了拟人化；第5句荷花"害羞地躲在了荷叶下面"，给荷花以人的神态和动作，进行了拟人化。

第2句中，猴子的"跳来跳去"，第3句中，老虎的"张开血盆大口""向我们逼近"都是它们本身就具有的动作，而不是人特有的动作，所以不是拟人句。第6句先把"雨滴"比喻成"小精灵"，才具有了"跳舞"的本领，这是个比喻句，不是拟人句。

师：你的分析有理有据，不但说出了哪些句子是拟人句，还说出了充足的理由。看来你已经真正掌握了拟人句的特点。

师：我们来看第6个句子，这个句子很容易被当成拟人句。那么，我们该怎样准确判断拟人句和比喻句呢？

生：拟人句是直接把物当作人来写，而比喻句是先把物比作人，然后再赋予人的动作。因此，判断一个句子是比喻句还是拟人句，先要看这个句子里有没有把一个事物比喻成另一个事物，如果有，可以确定这是个比喻句。

师：是的，只要我们掌握了比喻句和拟人句在本质上的区别，就能准确判断了。当然了，有些复杂的句子，会在一个句子中既使用比喻的修辞手法，也使用拟人的修辞手法，这样的句子更加生动形象。比如：

（课件出示句子）喝得微醉的枫叶在秋风的吹拂中打着旋儿，轻盈纷飞，恰似翩翩起舞的蝶儿。

这个句子首先运用拟人的手法，把枫叶变红说成"喝得微醉"，而枫叶打着旋儿纷飞时，又运用了比喻的手法，把它们比作"翩翩起舞的蝶儿"。

师：接下来，请大家判断下面几个句子是比喻句还是拟人句（课件出示）。

1. 蒲公英的花就像我们的手掌，可以张开、合上。
2. 一个个石榴害羞地躲在枝叶丛中。
3. 宁静的夜晚，只有星星在天空中窃窃私语。
4. 小河清澈见底，如同一块透明的蓝绸子。

生：第1句把"蒲公英的花"比成了"我们的手掌"；第4句把清澈见底的"小河"比成了"透明的蓝绸子"，这两个句子都是比喻句。第2句"害羞"和"躲"是人的动作和神态，用在了石榴身上；第3句中"窃窃私语"

是人的动作，用在了星星身上，这两个句子是拟人句。

师：你的判断非常准确。拟人句所写的事物必须是直接具有人的特点，不能出现比喻词。记住这个关键点，就不会混淆比喻句和拟人句了。

【设计意图】比喻句和拟人句是学生比较容易混淆的，特别是对于先把物比作另一种事物后再加以拟人化的比喻句。设计比喻句和拟人句的判断练习，让学生在比较中加深印象，从而准确辨析这两种不同的修辞手法。

四、各显神通，学写拟人句

师：同学们已经能根据拟人句的特点来正确辨别拟人句了。拟人句和一般陈述句相比较起来，你更喜欢什么句子，为什么？

生：我更喜欢拟人句，因为拟人句表达得更生动、更形象。

师：既然拟人句能让句子变得更生动、形象，看你们能不能把一般陈述句变换成生动形象的拟人句。

（课件出示练习）把下面的句子改写成拟人句。

1. 太阳慢慢地从东边升起来了。
2. 果园里，麻雀叽叽喳喳叫着。
3. 小小的花儿在风中摇摆。
4. 沉甸甸的稻子垂下来了。
5. 小鹿在溪边走来走去。

生1：我是这样改的。1. 太阳慢慢地从东边露出了笑脸。2. 果园里，麻雀叽叽喳喳地唱着欢乐的歌。3. 小小的花儿在风中翩翩起舞。4. 沉甸甸的稻子弯下了腰。5. 小鹿在溪边散步。

生2：第1个和第2个句子我是这样改的。1. 太阳慢慢地从东边跳了出来。2. 果园里，麻雀叽叽喳喳地讨论着今年的大丰收。

生3：第3个和第4个句子我是这样改的。3. 小小的花儿在风中摆手。4. 沉甸甸的稻子低下了头。

师：你们改得都非常好，都给物赋予了人的动作、神态或情感。

【设计意图】学习的目的是运用，在懂得的基础上马上进行运用练习，是对学习效果的最好巩固。

五、总结

师：今天这节课，我们更加清楚地知道了什么是拟人写法，拟人就是用写人的词句去直接写物；还知道了拟人句的三种形式：把植物拟人化、把动物拟人化、把其他事物拟人化。在练习中，我们还弄明白了比喻句和拟人句的区别，并尝试着写了生动、形象的拟人句。以后只要我们根据具体的语境合理运用拟人句，就能把我们的文章装扮得更加精彩、更加生动。

夸张句专项训练案例

濮阳市实验小学　宋彦菊

教学目标
1. 认识什么是夸张写法，了解夸张写法常见的三种形式。
2. 能初步运用夸张的手法写句子。

教学重难点
重点：了解夸张写法常见的形式。
难点：运用夸张的手法改写句子。

课时安排
一课时。

教学过程

一、导入新课，认识夸张写法

师：同学们，大家都很喜欢看漫画，老师这儿有两个人的漫画像，看谁能认出他们是谁？

（出示成龙和姚明的漫画像）

生：成龙和姚明。

师：你们是怎么看出是成龙和姚明的？

生：漫画像都抓住了他们脸部的特征进行了夸张。

师：是的，漫画最主要的特点就是运用夸张的手法，抓住人物或事物最特别的地方进行绘画。那么，什么是夸张手法呢？不着急，我们来通过课文和课外书中的例子来认识它。

【设计意图】运用学生喜欢的明星人物漫画像导入新课，一下子激发了学生的兴趣。

师：先来看我们学习过的《爬天都峰》中的这句话。

（课件出示）我站在天都峰脚下抬头望：啊，峰顶这么高，在云彩上面哩！我爬得上去吗？

师：在这句话中，哪里运用了夸张的写法呢？

生：作者说天都峰"在云彩上面哩"，运用的是夸张的写法，是为了夸大天都峰的高。

师：再看《富饶的西沙群岛》中这句话。

（课件出示）正像人们说的那样，西沙群岛的海里一半是水，一半是鱼。

师：谁来谈一谈这句话是怎样运用夸张写法的？

生：西沙群岛的海里怎么可能有"一半是鱼"呢？作者这样写，是为了说明西沙群岛里的鱼特别多。

师：张天翼爷爷的童话《大林和小林》一书中，有很多描写简直可以创世界吉尼斯纪录了。比如书里有一个最长的名字。

（课件出示）从前有个国王他有三个儿子后来国王老了就叫三个儿子到外面去冒险后来三个儿子冒过了险回来了后来国王快活极了后来这故事就完了亲王。

师：这是一位亲王的名字，他之所以给自己取这么长一个名字，就是为了显示自己的亲王身份。书里还有一个最大的数字。

（课件出示）23，000，000，000，000，000，000，000，000，000，000，000，000，000（一共41位数）

师：这是大富翁叭哈一天赚的钱。还有一场最慢的跑步比赛。

（课件出示）唧唧参加运动会，和乌龟、蜗牛进行五米赛跑。

比赛结果：第一——乌龟、第二——蜗牛、第三——唧唧。

师：一共跑了五小时又三十分钟，破世界纪录！

师：张天翼爷爷故意把人物的名字，富翁一天挣的钱进行夸大，把跑步比赛的慢故意缩小，这都是夸张写法。

师：通过以上例子，谁来说说什么是夸张？

生1：我觉得夸张就是故意放大或缩小事物的特征，以增强表达效果的一种修辞手法。

生2：夸张修辞手法就是我们说的"言过其实"，能加强感情，烘托气氛，引起读者丰富的想象和强烈共鸣。

【设计意图】运用学过的课文中的句子和同学们熟悉的张天翼爷爷的童话做例子，快速调动了学生的前期积累，达到了明确夸张概念的目的。

二、认识夸张写法的三种形式

师：夸张也有不同的形式，刚才我们说到的张天翼爷爷故意拉长人物的名字，把富翁一天挣的钱夸大，这就是扩大夸张；张天翼爷爷还故意把唧唧跟蜗牛、乌龟的跑步比赛的慢进行缩小，这也是一种夸张形式，叫缩小夸张。我们先来认识扩大夸张。

1. 扩大夸张

师：为了达到生动幽默的效果，我们往往人为拔高事物的特点，使之更高、更强、更快、更多，甚至达到排山倒海、翻天覆地的神奇效果，这种夸张形式叫扩大夸张。

先看《观潮》中扩大夸张的运用。（课件出示句子）

1. 江潮还没有来，海塘大堤上早已人山人海。

2. 浪潮越来越近，犹如千万匹白色战马齐头并进，浩浩荡荡地飞奔而来；那声音如同山崩地裂，好像大地都被震得颤动起来。

师：这两个句子是怎样运用扩大夸张的？

生：第一个句子中为了夸大看钱塘江大潮的人多，运用了"人山人海"这个成语，可以使读者想象到观潮的场面壮观。第二个句子中作者夸大浪潮的声音如同"山崩地裂"，"大地都被震得颤动起来"，令人望而生畏。

师：分析得非常准确。扩大夸张在古诗中也经常出现，如李白《望庐山瀑布》中的"飞流直下三千尺，疑是银河落九天"也用了夸张，谁能分析这个夸张句呢？

生：作者写瀑布从山上流下来有三千尺，明显夸大了事实，这样写是为了表现瀑布的气势宏伟，高大壮观。

师：谁还能举例说明吗？

生：《赠汪伦》中的"桃花潭水深千尺，不及汪伦送我情"是夸大夸张。桃花潭的水有千尺深，都比不上汪伦送我的情意深厚。

2. 缩小夸张

师：刚才我们通过几个例子认识了夸大夸张，还有一种夸张叫缩小夸张，这类夸张是故意把一般事物往小处说，使之更低、更弱、更慢、更少，达到数倍缩小的作用。

师：想一想，为了说明教室里同学们都在专心读书或写作业时的安静，大家常常怎样说？

生："教室里静得连一根针掉在地上也听得见。"一根针那么小，掉在地上肯定听不见。但为了说明教室里的安静，说针掉在地上也听得见，就是使用了缩小夸张。

3. 超前夸张

师：还有一种不是很常用的夸张叫超前夸张，就是故意把后出现的事物说是先出现的，或者把先出现的事物说成后出现的。例如：

（课件出示）农民们都说："看见这样鲜绿的麦苗，就嗅出白面包子的香味来了。"

师：由"麦苗"到"白面包子"中间需要很长时间、很多工序，看见麦苗，怎么可能嗅出白面包子的香味来呢？这样表面上看是不合理的，但作者却通过这种超前夸张渲染，表达了农民看到麦苗长势喜人时的喜悦心情。

师：这里还有一个运用超前夸张的句子，谁能来分析一下？

（课件出示）她还没有端酒杯，就已经醉了。

生：没有端起酒杯，肯定还没有喝酒，怎么会醉了呢？这样的写法就是超前夸张。

【设计意图】专题训练课上对夸张的三种形式进行分类，并通过具体例子分别讲述夸张的三种形式，便于学生具体而又深入了解。

三、积累夸张成语和常用说法

师：我国的汉语非常有趣，不少成语就运用了夸张的手法，谁能举例说明？

生1：惊天动地、震耳欲聋、口若悬河。

生2：一目十行、一手遮天、千钧一发。

师：大家说得都很对，老师这里还有一些（课件出示），大家来朗读一下吧。

日月如梭　寸步难行　翻江倒海　天翻地覆　怒发冲冠

弹丸之地　挥汗如雨　摩肩接踵　人山人海　人声鼎沸

师：我们汉语中还有很多运用夸张手法描写生活现象的，比如（课件出示）：

生气（火冒三丈）　思念（一日三秋）　浪费（一掷千金）

危急（千钧一发）　干净（一尘不染）　高兴（一蹦三尺高）

黑暗（伸手不见五指）　力量大（九牛二虎之力）

容易（不费吹灰之力）　地方小（巴掌大，豆腐块儿大）

声音大（地动山摇、山崩地裂、震耳欲聋、声闻数里、惊天动地）

师：大家读一读、记一记吧，它能让你的语言变得生动有趣。

【设计意图】将成语和生活现象中夸张手法的运用集中进行展示，不但让学生明白了夸张是生活中很常用的一种手法，而且增加了学生对夸张语言的积累。

四、学以致用，改写夸张句

师：知道了什么是夸张手法，我们来试着用一用。

（课件出示）把下面的句子改写成夸张句。

1. 五一假期，到长城游览的人很多。
2. 我们学校的操场太小了。
3. 卫生大扫除过后，我们的教室真干净。

（学生练习后交流）

【设计意图】学习的目的是运用，在懂得的基础上马上进行运用练习，是对学习效果的最好巩固。

五、课堂总结

师：同学们，今天这节课，我们深入认识了夸张这种常用的修辞手法。在生活和学习中，只要你留意，就能发现很多夸张手法的运用。如果在自己说话和习作中加以运用，还能让你的语言变得生动形象。